学ぶ人は、変えてゆく人だ。

目の前にある問題はもちろん、

人生の問いや、

社会の課題を自ら見つけ、

挑み続けるために、人は学ぶ。

「学び」で、

少しずつ世界は変えてゆける。

いつでも、どこでも、誰でも、

学ぶことができる世の中へ。

旺文社

14日 でできる！

文部科学省後援

英検®準1級
二次試験・面接
完全予想問題

[改訂版]

旺文社

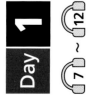
You have **one minute** to prepare.

This is a story about a woman who decided to experience farm work.

You have **two minutes** to narrate the story.

Your story should begin with the following sentence:
One day, a woman was watching television.

You have **one minute** to prepare.

This is a story about a woman who gets a job at a casino.

You have **two minutes** to narrate the story.

Your story should begin with the following sentence:
One day, a woman was looking for a job in her hometown.

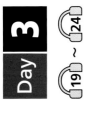

Day **3**

🎧19 ~ 🎧24

You have **one minute** to prepare.

This is a story about a university student who missed classes to look for a job.
You have **two minutes** to narrate the story.

Your story should begin with the following sentence:
One day, a university student went job-hunting.

Day 4

25 ~ 30

You have **one minute** to prepare.

This is a story about a man whose company decided to introduce a teleworking system.

You have **two minutes** to narrate the story.

Your story should begin with the following sentence:

One day, a man wearing glasses was going to his company on a crowded rush-hour train.

One week later

One month later

Later at work

New teleworking system starting next week!

1

2

3

4

You have **one minute** to prepare.

This is a story about a woman who had a frightening experience.

You have **two minutes** to narrate the story.

Your story should begin with the following sentence:
One day, a woman was talking to her parents.

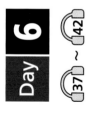

Day 6

37 ~ 42

You have **one minute** to prepare.

This is a story about a boy and his friends who liked playing video games. You have **two minutes** to narrate the story.

Your story should begin with the following sentence:
One day, a boy was playing video games with his friends.

Day **7**

43 ~ 48

You have **one minute** to prepare.

This is a story about a man who broke his leg.
You have **two minutes** to narrate the story.

Your story should begin with the following sentence:
One day, a man broke his leg and went to a hospital.

1

You can go back to work after a week.

2

A week later

Priority Seat

3

A few minutes later

Please have my seat.

4

After a while

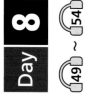

Day 8

49 ~ 54

You have **one minute** to prepare.

This is a story about a young couple who received some help with the care of their child.

You have **two minutes** to narrate the story.

Your story should begin with the following sentence:
One day, a couple was dropping their son off at the daycare center.

That afternoon

Mom, would you pick my son up from the daycare center?

OK!

Later that day

A few hours later

1 2 3 4

You have **one minute** to prepare.

This is a story about a couple who moved to a large, new condominium.

You have **two minutes** to narrate the story.

Your story should begin with the following sentence:
One day, a couple was in their small, old apartment.

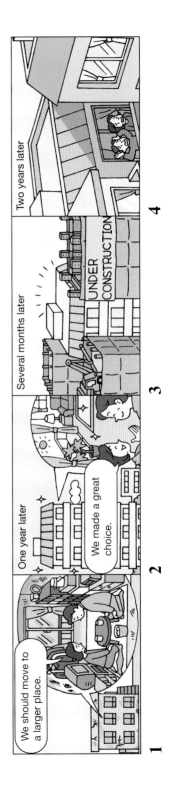

1	2	3	4
We should move to a larger place.	One year later / We made a great choice.	Several months later / UNDER CONSTRUCTION	Two years later

You have **one minute** to prepare.

This is a story about a woman's volunteering campaign to clean up a pond.

You have **two minutes** to narrate the story.

Your story should begin with the following sentence:
One day, a woman went for a walk at her local pond.

1　　2　　3　　4

A week later

Clean up
the Pond!
We want
our birds
back

A month later

A year later

Day 11

67 ~ 72

You have **one minute** to prepare.

This is a story about a man who wanted to reduce the amount of plastic he used. You have **two minutes** to narrate the story.

Your story should begin with the following sentence:

One day, a man was drinking coffee out of a plastic cup in a park.

1   2   3   4

Maybe I should stop using plastic cups.

The next day

Get your own cup!

coffee

A month later

COFFEE

COFFEE

COFFEE

Day 12

73 ~ 78

You have **one minute** to prepare.

This is a story about a woman who changed her style of working.

You have **two minutes** to narrate the story.

Your story should begin with the following sentence:
One day, a woman was talking with a friend in a coffee shop.

I don't have enough time to join a yoga class.

1

A month later

ABC Company
Flexible time system
1. Come to work anytime before 11 am
2. Need to work 40 hours a week

2

A week later

3

Later that night

to-do list

4

You have **one minute** to prepare.

This is a story about some schoolchildren who visited a retirement home.

You have **two minutes** to narrate the story.

Your story should begin with the following sentence:
One day, a school teacher was taking a walk in her town.

You have **one minute** to prepare.

This is a story about a woman who took part in an eco-tour.
You have **two minutes** to narrate the story.

Your story should begin with the following sentence:
One day, a woman was watching a TV program.

はじめに

英検の二次試験である面接試験に臨むにあたって、受験者の皆さんはどういったことを知りたいでしょうか。「試験の傾向は?」「試験の流れは?」など様々あると思います。本書はこのような皆さんの「知りたい」に応えるべく制作されました。

本書の特長は以下のとおりです。

▶ 予想問題で傾向をつかむ!
問題編には14回分の予想問題を収録しています。実際に声に出して解き、解説をしっかり読んで、面接試験を攻略しましょう。

▶ 動画で面接試験の流れを把握する!
「面接試験が実際にはどのように行われるか分からないため不安」という受験者の方のために、動画を制作しました。動画には面接室での試験の様子はもちろん、会場に到着してから会場を出るまでを映像で収録してありますので、初めての受験で不安な方はぜひ一度ご覧ください。

▶ ウェブ模試で英検 S-CBT 対策もできる!
英検 S-CBT の体験ができる「旺文社 英検対策ウェブ模試」に対応しています。

最後に、本書の刊行にあたり多大なご協力をいただきました、日本大学文理学部 島本慎一朗先生、早稲田大学教授 Adrian Pinnington 先生に、深く感謝の意を表します。

旺文社

※英検1~3級では2024年度から一部の問題形式が変わりました。準1級の二次試験・面接ではNo.4の質問に話題導入文が追加されますが、答え方に変更はありません。

もくじ

準備編
面接試験を知ろう！

問題編
面接試験の練習をしよう！

執筆：島本慎一朗（日本大学）
編集協力：株式会社シー・レップス，田中晶子，Jason Chau
問題作成：Adrian Pinnington
本文デザイン：尾引美代
イラスト：有限会社アート・ワーク
装丁デザイン：内津　剛（及川真咲デザイン事務所）
動画制作：株式会社ジェイルハウス・ミュージック
録音：ユニバ合同会社

○本書の構成と利用法

本書の問題編の各 Day の構成と利用法は以下の通りです。

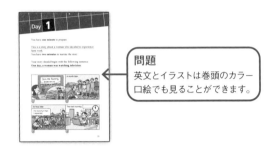

問題
英文とイラストは巻頭のカラー口絵でも見ることができます。

問題のテーマ
問題のテーマに関する注意点や，問題のテーマに関連して Questions で問われることなどがまとめられています。

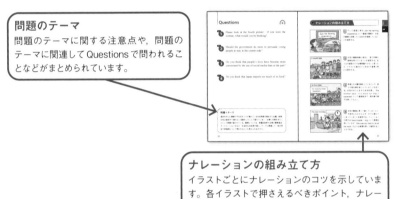

ナレーションの組み立て方
イラストごとにナレーションのコツを示しています。各イラストで押さえるべきポイント，ナレーションに入れるべき内容を確認しましょう。

ナレーションの例
対応するイラストのコマ番号（①〜④）が入っています。訳と一緒に確認しておきましょう。

解答例
複数の解答例が示されています。

これで
完璧!　模範解答例です。

もう
ひと息　もう少し改善が必要な解答例です。

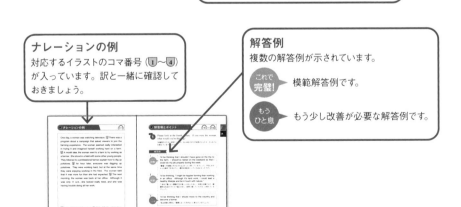

●音声について

音声を聞くことのできる箇所は書籍内で 🎧1 と表示しています。

準備編 面接試験を知ろう!

🎧1 ～ 🎧4   面接試験の流れ

🎧5 ～ 🎧6   出題内容

問題編 面接試験の練習をしよう!

🎧7 ～ 🎧12   Day 1

🎧13 ～ 🎧18   Day 2

🎧19 ～ 🎧24   Day 3

🎧25 ～ 🎧30   Day 4

🎧31 ～ 🎧36   Day 5

🎧37 ～ 🎧42   Day 6

🎧43 ～ 🎧48   Day 7

🎧49 ～ 🎧54   Day 8

🎧55 ～ 🎧60   Day 9

🎧61 ～ 🎧66   Day 10

🎧67 ～ 🎧72   Day 11

🎧73 ～ 🎧78   Day 12

🎧79 ～ 🎧84   Day 13

🎧85 ～ 🎧90   Day 14

● 各 Day の Questions No. 1 ～ No. 4 の解答例は, 1 と 2 のみ収録しています。

● 各 Day は以下のような流れで収録しています。

Day1 の場合

🎧7 ················· ナレーションの例

🎧8 ················· Questions（ポーズは各5秒, 必要に応じて音声を一時停止してご利用ください）

🎧9 ～ 🎧12 ···· Questions と解答例

再生方法 以下の2通りでご利用いただくことができます。

CDで再生

本書に付属しているCDを再生してください。

※CDの裏面には，指紋，汚れ，傷などがつかないよう，お取り扱いにご注意ください。一部の再生機器（パソコン，ゲーム機など）では再生に不具合が生じることがありますのでご注意ください。

旺文社リスニングアプリ「英語の友」（iOS/Android）で音声再生

1 「英語の友」公式サイトより，アプリをインストールします。

https://eigonotomo.com/

（右のQRコードからもアクセスできます）

2 アプリ内の「書籍音源」メニューから「書籍を追加」ボタンを押し，ライブラリを開きます。

3 ライブラリより本書を選択し，「追加」ボタンを押します。

※本アプリの機能の一部は有料ですが，本書の音声は無料でお聞きいただけます。
※アプリの詳しいご利用方法は「英語の友」公式サイト，あるいはアプリ内のヘルプをご参照ください。
※本サービスは予告なく終了されることがあります。

●動画について

収録内容 DVD・ウェブサイト上にて，以下の内容の動画をご覧いただけます。

> 面接の流れを知ろう

会場に到着してから会場を出るまでの，面接に関するすべてのシーンを見ることができます。全体の流れを把握できるだけでなく，注意点なども詳しく解説しています。

> 面接のシミュレーションをしよう

面接のシミュレーションを行うことができます。解答用のポーズを設けてありますので，実際に試験に臨む気持ちでチャレンジしてみましょう。シミュレーションで使用されている問題は，本書の「準備編」にある「出題内容」に掲載されている問題と同じです。

※動画の内容のすべては，旺文社が独自に取材をして企画・構成されたものです。実際とは異なる可能性があることをあらかじめご了承ください。

視聴方法 以下の2通りでご利用いただくことができます。

DVDで再生

本書に付属しているDVDを再生してください。

※DVDの裏面には，指紋，汚れ，傷などがつかないよう，お取り扱いにご注意ください。一部の再生機器（パソコン，ゲーム機など）では再生に不具合が生じることがありますのでご注意ください。

ウェブサイトで再生

1 以下のURLにアクセスします。
https://www.obunsha.co.jp/service/eiken_mensetsu/

2 ご購入された級を選択します。

3 「面接の流れを知ろう」「面接のシミュレーションをしよう」いずれかの動画を選択し，以下のパスワードを入力します。
v3KEHf

※この視聴サイトの使用により生じた，いかなる事態にも一切責任は負いかねます。
※Wi-Fi環境でのご利用をおすすめいたします。
※本サービスは予告なく終了されることがあります。

●ウェブ模試について

本書では，英検S-CBTの疑似体験ができる「旺文社 英検対策ウェブ模試」を提供しています。

●本書の各Dayに掲載されているのと同じ問題14セットを，パソコンを使ってウェブ上で解くことができます。

●解答を保存でき，復習ができます。（スコア判定の機能はありません）

●特定の問題だけを選んで練習することもできます。

利用方法

❶以下のURLにアクセスします。

https://eiken-moshi.obunsha.co.jp/

❷利用規約を確認し，氏名とメールアドレスを登録します。

❸登録したアドレスにメールが届きますので，記載されたURLにアクセスし，登録を完了します。

❹本書を選択し，以下の利用コードを入力します。

v3KEHf

❺以降の詳しいご利用方法は，次ページの説明と，ウェブ模試内のヘルプをご参照ください。

推奨動作環境

対応OS：Windows 11，10，macOS 10.8以降

ブラウザ：

Windows OSの場合：最新バージョンのMicrosoft Edge, Google Chrome

macOSの場合：最新バージョンのGoogle Chrome

インターネット環境：ブロードバンド　画面解像度：1024×768以上

ブラウザの機能利用には，JavaScript, Cookieの有効設定が必要です。

●スマートフォンやiPadなどのタブレットからはご利用いただけません。

●ご利用のパソコンの動作や使用方法に関するご質問は，各メーカーまたは販売店様にお問い合わせください。

●この模試サービスの使用により生じた，いかなる事態にも一切責任は負いかねます。

●Wi-Fi環境でのご利用をおすすめいたします。

●Warm-upを割愛するなど，実際の試験とは異なる点があります。

●本サービスは予告なく終了されることがあります。

旺文社 英検対策ウェブ模試の進め方

試験を始めるまで

●まず，前ページにある説明に従って，ユーザー登録，書籍の登録をします。
●それが済んだら，「実践」「練習」のどちらを受けるか決めます。

実践 本番のように最初から最後まで通して受けたい場合に選択してください。途中で休憩することも可能です。再開したときに続きから解答することができます。

練習 特定の問題だけ選んで解きたい場合に選択してください。

スピーキングテスト

以下，「実践」を選んだ場合の進め方について説明します。

●最初に，ヘッドセットの音量調整があります。聞こえてくる音量を調整した後，マイクに向かって話しかけ，マイクの音量を調整します。
●以降，画面の指示に従って，マイクに解答を吹き込んでいきます。

解答が終わったら

自分の解答が保存されていますので，後で確認することができます。本書の解説を読んで，自分の解答に何が足りなかったのかを確認しましょう。

準備編

面接試験を知ろう！

「準備編」では英検準1級面接試験の問題が
どのような形式で出題されるのか，
どのように進行するのかを確認しましょう。
英検S-CBTのスピーキングテストの
注意点もまとめました。

※本書の内容は，2023年5月時点の情報に基づいています。
　受験の際には，英検ウェブサイト等で最新の情報をご確認ください。

面接試験について

英検準1級の試験形式と面接試験の試験時間，評価対象の1つであるアティチュードについてまとめています。学習を始める前に把握しましょう。

■英検準1級試験形式

技能	形式	満点スコア
リーディング	短文の語句空所補充 長文の語句空所補充 長文の内容一致選択	750
ライティング	英作文	750
リスニング	会話の内容一致選択 文の内容一致選択 Real-Life形式の内容一致選択	750
スピーキング（面接）	**自由会話** 面接委員と簡単な日常会話をする **ナレーション** 問題カードに掲載された4コマのイラストの展開を説明する No.1　問題カードに掲載されたイラストについての質問に答える No.2/3　問題カードのトピックに関連した質問に答える No.4　問題カードのトピックにやや関連した，社会性のある質問に答える	750

本書で学習するのはココ

■面接試験の試験時間
約8分

12

● アティチュードって何？

ナレーションやQuestionsの応答に加えて，「アティチュード」が評価対象になっています。アティチュード (attitude) は「態度・姿勢」という意味ですが，具体的には次のような点が評価の対象になっています。

1 積極性
—— 自己表現やコミュニケーションを持続させようとする意欲など

● 自分の発話内容を理解してもらえるように，十分に自己表現しているか。
● 語彙や文法の点で言いたいことがストレートに英語にならなくても，そこであきらめることなく，自分が持っている言語知識をすべて活用して言い換えなどをしながら表現し，コミュニケーションを続けようとしているか。

2 明瞭な音声
—— 適切な声の大きさ，発話の明瞭さなど

● 相手が聞き取りに困難を感じない程度の音量で話しているか。
● はっきりと明瞭に話しているか。

3 自然な反応
—— 応答のスムーズさ，不自然な間の排除など

● 面接委員から質問された後に，スムーズに応答できているか。
● 発話の途中で不自然に長い間を置いていないか。
● むやみに何度も聞き返していないか。

以上のような点に留意すればいいのですが，入念に準備をして試験に臨み，「合格したい」という前向きな気持ちを持っていれば，これらのポイントはおのずとクリアできるものです。過度に心配する必要はありません。

面接試験の流れ

ここでは，面接室での試験の流れを，入室から退室まで順を追って見ていきます。
問題部分以外の面接委員との英語でのやりとりも掲載してありますので，あわせて
確認しておきましょう。

◀1 入室～着席

| 1 | 控え室で記入した面接カードを持って，
係員の案内で面接室前へ移動する。 |

| 2 | 面接室前の廊下で順番を待ち，係員の指示で面接室に入る。 |

| 3 | 面接室のドアをノックして入室後，面接委員に面接カードを手渡し，
面接委員の指示で着席する。 |

CHECK!
- ■ ドアを開けて，Hello., もしくは午前の試験であれば Good morning.,
  午後の試験であれば Good afternoon. というあいさつから始めます。
  入室する前に May I come in? と言ってもかまいません。
- ■ 着席したら，手荷物は自分の席の脇に置きましょう。

3 ▶
面接委員：	Hello. 「こんにちは」
受験者：	Hello. 「こんにちは」
面接委員：	May I have your card, please? 「面接カードをいただけますか」
受験者：	Here you are. 「どうぞ」
面接委員：	Thank you. Please have a seat. 「ありがとうございます。座ってください」
受験者：	Thank you. 「ありがとうございます」

2 氏名と受験級の確認・自由会話

---

1 氏名の確認をする。

---

2 受験級の確認をする。

---

3 自由会話をする。

> CHECK! ■はっきりと話すことを心がけましょう。
> ■面接委員をきちんと見て話しましょう。

---

1 ▶ 面接委員： My name is Yoshio Tamura. May I have your name, please?
「私の名前はタムラヨシオです。あなたのお名前を教えてくれますか」

受験者： Sure, it's Kyoko Watanabe. 「はい，ワタナベキョウコです」

2 ▶ 面接委員： All right, Ms. Watanabe. This is the Grade Pre-1 Test, OK?
「わかりました，ワタナベさん。これは準1級の試験ですが，よろしいですか」

受験者： Yes. 「はい」

3 ▶ 面接委員： Well, Ms. Watanabe, have you ever been abroad?
「それでは，ワタナベさん，外国に行ったことはありますか」

受験者： Yes, I have. I have been to the United States.
「はい，あります。アメリカに行ったことがあります」

面接委員： Really? Which cities did you visit?
「本当に？ どの都市を訪れましたか」

受験者： I visited New York. I stayed there for seven days.
「ニューヨークを訪れました。そこに7日間滞在しました」

面接委員： What did you think of New York?
「ニューヨークについてどう思いましたか」

受験者： I really liked it. It was so exciting visiting all the famous places I'd
seen in movies. 「すごく気に入りました。映画で観た有名な場所全てを
訪れて，とてもわくわくしました」

面接委員： I see. 「なるほど」

3 ナレーション

| 1 | 問題カードを面接委員から受け取る。 |

| 2 | 面接委員の指示に従い，1分間でナレーションの準備をする。 |

| 3 | 面接委員の指示に従って，ナレーションを始める。 |

CHECK!　■1分間の準備時間では，問題カードの指示文とイラストを確認しましょう。
　　　　　　■ナレーションでは，大きな声で話すように心がけましょう。

---

1 ▶　面接委員：　All right. Let's start. Here's your card.
　　　　　　　　　「はい。では始めましょう。これがあなたの問題カードです」
　　　　　　受験者：　Thank you.「ありがとうございます」

2 ▶　面接委員：　You have one minute to prepare before you start your narration.
　　　　　　　　　「ナレーションを始める前に，準備時間が1分間あります」

〈1分後〉

3 ▶　面接委員：　All right. Please begin your narration. You have two minutes.
　　　　　　　　　「はい。ナレーションを始めてください。2分間あります」

◀4 Q&A〜退室

> **1** No.1〜No.4の質問をされる。

※No.1の質問が終わったら，問題カードを裏返して置くように指示されます。

> **2** No.4の応答が終わったら，問題カードを返すように指示される。

> **3** あいさつをして退出する。

CHECK!
■ 面接委員の目を見ながら答えるようにしましょう。
■ 面接委員に問題カードを返却するのを忘れないようにしましょう。

---

1 ▶ 面接委員： Now, I'm going to ask you four questions. Are you ready?
「では，私が4つの質問をします。準備はいいですか」

受験者： Yes. 「はい」

〈No.1の質問〉

面接委員： Now, please turn over the card and put it down.
「それでは問題カードを裏返して置いてください」

〈No.2 〜 No.4の質問〉

2 ▶ 面接委員： Well, that's all, Ms. Watanabe. Could I have the card back, please?
「はい，これで終了です，ワタナベさん。問題カードを返却してくださいますか」

受験者： Sure. Here you are. 「はい。どうぞ」

面接委員： Thank you. 「ありがとうございます」

3 ▶ 面接委員： You may go now.
「退室してけっこうです」

受験者： Thank you. Good-bye. 「ありがとうございました。さようなら」

面接委員： Good-bye. 「さようなら」

面接試験　よくある質問

面接試験の形式や内容はわかっても，それ以外にもまだわからないことがたくさんあって不安…。そんな皆さんのために，よくある質問をまとめました。

（出典：英検ウェブサイト）

Q 1　受験票を紛失してしまいました…
英検サービスセンターにお問い合わせください。

Q 2　受験票が届いたのですが，会場や時間の変更はできますか？
原則として会場や時間の変更はできません。ただし，ダブル受験で同じ日程で別々の会場になった場合は会場を調整いたしますので，英検サービスセンターまでご連絡ください。

Q 3　試験に遅刻しそうなのですが，どうしたらよいですか？
集合時間に遅刻をされた場合，受験をお断りさせていただく場合がございます。会場受付に事情をご説明いただき，その後は会場責任者の指示に従ってください。（試験会場への直接のご連絡はお控えください）
※天災，スト，事故などで電車・バスなどの公共交通機関が遅延・運休した場合などやむを得ない事由で公共交通機関が遅延・運休し，試験会場に到着できなかった場合や，試験時間に間に合わずに受験できなかった場合は，試験翌営業日〜水曜日までのなるべく早いタイミングで英検サービスセンターへご連絡ください。

Q 4　試験当日の天候が心配です。試験当日の実施状況についてはどのように確認できますか？
不測の事態（台風や大雪など）による試験の中止や，開始時間の繰り下げを行う場合は，決定次第英検ウェブサイトで発表いたします。試験当日の朝，必ず英検ウェブサイトのトップページの上部「検定試験に関する重要なお知らせ」で最新の情報をご確認のうえご来場ください。

Q 5　試験の服装について教えてください。
特に指定はありませんが，寒暖に対応できる服装での来場にご協力をお願いします。

Q6 **試験時間について（開始時間，終了時間など）教えてください。**

二次受験票でご案内する集合時間にお集まりください。終了予定時間は，受付を通った時間より60分前後を目安にしてください。ただし，進行状況により前後する場合がありますのでご了承ください。

Q7 **試験会場（本会場）に忘れ物をしてしまいました。**

試験会場内の忘れ物，落とし物等の遺失物は，原則として試験日より1ヶ月間，協会にて保管します。保管期間中に持ち主からのお問い合わせがない場合には処分いたします。

なお，電子機器や貴重品等の一部の物品につきましては試験日から1ヶ月経過後も引き続き保管する場合がございます。受験した会場ではなく，英検サービスセンターにお問い合わせください。

Q8 **インターネットで合否の閲覧はいつからできますか?**

二次試験の約1週間後からネットでの合否結果閲覧が可能です。閲覧開始は，英検ウェブサイトで発表されますのでご確認ください。

お問い合わせ先

● 英検ウェブサイト　　　　https://www.eiken.or.jp/

● 英検サービスセンター　TEL 03-3266-8311
　　　　　　　　　　　　　（月〜金 9:30〜17:00　※祝日・年末年始を除く）

英検S-CBTの スピーキングテストについて

英検S-CBTでは最初にスピーキングテストを受験します。問題の内容は従来型の二次試験・面接（p.12参照）と同じですが，パソコンに慣れておくなど，しておくとよい準備もあります。ここで，スピーキングテストの流れと必要な対策を把握しましょう。

● 試験の流れ

試験の流れは以下の通りです。

① 案内に従ってスピーキングテストの準備を行います。

② 音量確認，マイク確認後，スピーキングテストが始まります。

③ スピーキングテストの最初に，Warm-upとして簡単な質問をされるのでそれに答えます。その後の試験内容は従来型の二次試験・面接と同じです。
※スピーキングテストの時間は15分です。

● 必要な対策

パソコンを使用する試験なので，パソコンの操作に慣れておく必要があります。以下に，必要な対策をまとめました。

▶ パソコンの画面で英文を読んだり，イラストを見たりする練習

パソコンの画面で英文を読んだり，イラストを見たりすることは，経験がないと集中できない可能性があります。画面で文章・イラストを見ることに慣れておく必要があるでしょう。

▶ マイクに向かって話す練習

面接委員がいる状況と，マイクに向かって話す状況と，どちらのほうが話しやすいかは，人によって異なります。試験の当日に，「面接委員がいないと緊張して話せない」という状態に陥ってしまうことを避けるために，まずは相手がいない中でマイクに向かって話す練習をしておきましょう。また，英検S-CBTのスピーキングテストでも，アティチュードは評価されます（アティチュードについてはp.13を参照）。

なお，複数の受験者が同じ試験室で一斉に受験するため，スピーキングテストは周りの人が話している中で，自分の解答を話すことになります。

▶ 時間内に話す練習

二次試験・面接であれば，解答時間を少し過ぎてしまっても言い終えるまで待ってもらえる可能性がありますが，パソコンを使うスピーキングテストでは制限時間が来たら，話している途中でも，そこで解答を切られてしまいます。制限時間内に言いたいことを言い終える訓練をしましょう。

本書に付属の「旺文社 英検対策ウェブ模試」（p.8参照）では，パソコンを使って本番同様の試験を体験することができますので，ぜひ活用してください。

●英検S-CBTウェブサイト　https://www.eiken.or.jp/s-cbt/

● 問題カードの内容

面接委員から手渡される問題カードには次のようなことが書かれています。

You have **one minute** to prepare.

This is a story about a man who decided to move to the countryside with his family.

You have **two minutes** to narrate the story.

Your story should begin with the following sentence:

One day, a man was walking down the street with his family.

（実際の問題カードはカラーです）

ナレーション例

One day, a man was walking down the street with his family. ① There were a lot of people, cars, and buildings. He was telling his wife and his son how nice it would be to live in the countryside, where there was a lot of nature. They agreed with him. ② A week later, the man and his wife were looking at a magazine in their home. There was an advertisement for houses for sale in a village. His wife said to him, "Let's move there." He agreed with her suggestion. ③ On the moving day, the family was having a picnic outside of their home in the countryside. They were eating sandwiches together. They were feeling happy. ④ The next day, the man was waiting for the bus with his son. The man looked at the timetable and noticed there was only one bus per hour. The son was looking at his watch. He was worried about being late for school.

訳 ある日，男性が家族と道を歩いていました。① たくさんの人，車そして建物であふれかえっていました。彼は妻と息子に自然に恵まれた地方に住むことがどれほど素晴らしいことなのかを話していました。2人は彼に同意しました。② 1週間後，男性とその妻が家で雑誌を眺めていました。ある村で売り出し中の家の広告が載っていました。妻は彼に「そこへ移住しましょう」と言いました。彼は彼女の提案に同意しました。③ 引越しの日，家族は地方の家の外でピクニックをしていました。彼らは一緒にサンドウィッチを食べていました。彼らは幸せを感じていました。④ 次の日，男性は息子とバスを待っていました。男性は時刻表を見て，1時間に1本しかバスがないと気付きました。息子は腕時計を見ていました。彼は学校に遅刻することを心配していました。

●ナレーションと質問の内容

手渡された問題カードをもとに，ナレーションを行います。その後，4つの質問がなされます。

ナレーション

4コマのイラストのナレーション

✔ ナレーションのポイント

- [ ] 問題カードで指定された文から始める。
- [ ] 原則としてナレーションは全て過去形にする。
- [ ] ストーリーの論理的な展開を重視する。
- [ ] 各コマ2〜3文程度で描写する。
- [ ] イラスト内にある時間や場所を示す表現，せりふを活用する。
- [ ] イラストの情報だけでは足りない場合，自分で補足する。

　面接委員から問題カードを手渡された後，1分間のナレーション準備時間が与えられる。この間に全てを準備しようと考えず，ストーリー全体の流れを作ることを考える。まず，問題カードの This is a story about ... の部分を読み，イラストに描かれているストーリー全体を把握する。その後，イラスト全体に一通り目を通し，大まかなストーリーを作ってみる。1コマにつき2〜3文を目安にする。登場人物の行動だけでは説明が足りない場合，描かれた人物の表情から判断し，その心情も考える。ここまでは全てを英文にする必要はなく，各コマでどのような語彙や表現を使うかを大まかに考えながら，ストーリーの流れを作ればよい。

　面接委員からナレーションを始めるよう指示が出たら，問題カードの One day, ... の文から始める。この文の動詞には過去形が使われているので，以降は過去形を使用する。1分間の準備時間で大まかに作ったストーリーに従って，英文を組み立てながらナレーションを進めていく。イラスト内にある時間や場所を表す表現，登場人物のせりふは最大限利用する。せりふやイラストに書かれた表現だけではストーリーのつながりが悪い場合は，問題カードに書かれた内容から外れない範囲で，自分なりにイラストの内容を解釈して補足して構わない。

　ナレーションを発表する際は落ち着いて話すことを心がける。ナレーション時間の2分間は余裕をもって設定されているため，焦らずに発表することが肝心。

24

Question No. 1

イラストに関連した質問

Please look at the ... picture. If you were ..., what would you be thinking?

質問

Please look at the fourth picture. If you were the man, what would you be thinking?

「4番目のイラストを見てください。もしあなたがこの男性だとしたら，どんなこと を考えているでしょうか」

解答例

I'd be thinking how inconvenient life in the countryside is. There is only one bus per hour. Although the air is cleaner in the countryside, there are disadvantages, too.

「地方での生活はどんなに不便なのだろうと思っているでしょう。バスは1 時間に1本しかありません。地方の方が空気はいいけれど，欠点もありま す」

✔ 解答のポイント

☐ イラストに描かれた登場人物（自分）の心情を推測する。
☐ 質問の形式と同様に仮定法で答える。
☐ 直接話法・間接話法どちらを用いてもよい。

　No.1は4コマのイラストのうち1コマについて，登場人物の考えなどを想像して答 える問題。問題カードを見ながら答えられる。4コマ目について尋ねられることが多 い。

　いずれも，ナレーションで発表したストーリー展開を踏まえ，登場人物の考えなど を代弁する。... what would you be thinking? という形式で質問されることが大半 で，I would [I'd] be thinking ... という仮定法の形式で答えるのが妥当。解答は直 接話法でも間接話法でも構わない。

問題カードのトピックに関連した質問

質 問

Do people need to spend more money on raising children now than in the past?

「昔よりも，今の方が子どもを育てるのに多くのお金を費やす必要がありますか」

解答例

> Yes. Raising children has become much more expensive. Buying a home big enough for a family has become very expensive, and the cost of living has also gone up. Children also expect to have computers and smartphones these days.
>
> 「はい。子どもを育てるのにより多くのお金がかかるようになりました。家族が住むのに十分な大きさの家を買うことはとてもお金がかかるようになりましたし，生活費も値上がりしました。さらに最近では，子どもはコンピューターやスマートフォンを持つのが当たり前にもなっています」

✔ 解答のポイント

☐ Yes/No で答えられる質問には，はじめに Yes/No などの立場を述べる。
☐ その根拠を付け加える。

No.2 と No.3 では，問題カードのトピックに関連した内容について質問が出される。質問は一般的な社会問題について，大半は Do you think that ...? や Should ...? という形式で質問される。Yes/No で答えられる質問の場合，まずは，Yes/No を述べ，立場を明確にするとよい。賛否がはっきりしない場合は，It depends. のような答え方も可能である。

次に，その根拠を1〜2文付け加える。なぜそう思うのか，どのような事実からそう考えたのかなどを詳細に述べる。自分の意見に説得力を持たせるためのもので，必要なものである。

Question No. 3

問題カードのトピックに関連した質問

質 問

Do you think that it's important to have contact with nature in our daily lives?

「日々の生活で自然に触れることは大切だと思いますか」

解答例

No. It's nice to go into nature from time to time, but living in a city is much more stimulating, because we can keep in touch with the latest developments in culture and technology.

「いいえ。時々自然の中へ入っていくことはよいことですが，都心に住む方がはるかに刺激的です。なぜなら私たちは最新の文化的な発展や技術の発達に触れ続けることができるからです」

✔ 解答のポイント

☐ 質問の意図から外れた解答にならないように注意する。
☐ 論理的なつながりを重視する。

　解答をする際には，質問の意図から外れないよう注意が必要である。単に質問の語句を言い換えただけの文や，質問からそれた内容の文は不適切である。また，「A という事実や理由があるからBと考える」という論理のつながりが重要である。上記解答例では because を使用し，前述の主張に対する理由を明確にしている。

問題カードのトピックにやや関連した，社会性のある問題

質問

Should the government do more to protect endangered animals around the country?

「政府は国内の絶滅危惧動物を保護するためにもっと多くのことをすべきですか」

解答例

Yes, it should. There are fewer and fewer natural places where animals can live peacefully, so the government should provide safe areas for them. Many animals, like wild bears, are having difficulty finding food.

「はい，そうすべきです。動物が無事に住むことができる自然の場所はだんだん少なくなっていますので，政府は安全な場所を提供すべきです。野生のクマなどの多くの動物は，食料を見つけることが困難になっています」

✔ 解答のポイント

☐ 質問の後に不自然な間が空かないようにする。
☐ 普段から社会問題に対する意見を持つようにする。

　No.4は基本的に問題カードのトピックにやや関連した，社会性のある内容についての質問に答える形式である。原則として解答の方法はNo.2，No.3と変わらない。ただし，問題カードのトピックとかなりかけ離れた内容について質問されることもある。答えを考えるためにやや時間が必要であるが，その際に不自然な間が空かないように注意しよう。Well, や Let me see, などの適当な言葉を使用し，答えを整理している最中であることを面接委員に伝えることも必要である。質問が一度で理解できない場合は，聞き返して構わないが，何度も聞き返すと減点になるので注意。

　質問に解答するために，ある分野についての深い知識が必要なわけではない。日ごろ，テレビや新聞などのニュースに接する際，どのようなニュースにどのような意見・考え方があるのかを把握しておくことが大切である。

問題編

面接試験の練習をしよう！

「問題編」では,
「準備編」で学んだポイントを思い出しながら,
実際に面接試験の練習をしましょう。
試験の傾向に合わせて作られた問題ですので,
何度も繰り返し練習すれば,
合格にぐんと近づくことができますよ！

You have **one minute** to prepare.

This is a story about a woman who decided to experience farm work.
You have **two minutes** to narrate the story.

Your story should begin with the following sentence:
One day, a woman was watching television.

Questions

No. 1 Please look at the fourth picture. If you were the woman, what would you be thinking?

No. 2 Should the government do more to persuade young people to stay in the countryside?

No. 3 Do you think that people's lives have become more convenient by the use of social media than in the past?

No. 4 Do you think that Japan imports too much of its food?

問題のテーマ

週末を中心に農業で汗を流す人々が増えている社会現象を踏まえた出題。結局,女性は普段やり慣れない活動をしたことで疲れてしまい,仕事に支障をきたしたという弊害が描かれている。農業については,食糧自給率や企業の農業進出,オートメーション化など,社会的な注目度が高い。テーマに関連して,地方移住や幸福度について問われることも考えられるだろう。

● ナレーションの組み立て方

1 テレビ画面に映る Join the farming experience という番組の情報や，女性が農業に従事している自分を想像していることを描写する。

2 女性が農業体験に参加し，畑で作業の説明を受けていることを描写する。主人公の描写だけでは情報量が少ないと思ったら，イラストに描かれているほかの登場人物にも言及する。

3 若者たちが農作業をしていることや，彼らが畑仕事を楽しんでいることを述べる。女性のせりふをそのまま利用し，The woman said, "It's more fun than I expected." という直接話法で，畑仕事の様子を表してもよい。

4 女性が職場に戻って働いていることと，午前中にもかかわらず，すでに疲れてしまっていることを描写する。ナレーションの例では have trouble 〜ing という表現を用いているが，She was too tired to do all her work. のような表現を使って描写することもできる。

One day, a woman was watching television. ① There was a program about a campaign that asked viewers to join the farming experience. The woman seemed really interested in trying it and imagined herself working hard on a farm. ② A month later, the woman went to a farm to try working as a farmer. She stood in a field with some other young people. They listened to a professional farmer explain how to dig up potatoes. ③ An hour later, everyone was digging up potatoes. They were working hard, but at the same time they were enjoying working in the field. The woman said that it was more fun than she had expected. ④ The next morning, the woman was back at her office. Although it was only 11 a.m., she looked really tired, and she was having trouble doing all her work.

訳 ある日，女性がテレビを見ていました。① 視聴者に農業体験への参加を呼びかけるキャンペーンに関する番組が放送されていました。女性は体験をしてみることに大変興味を持った様子で，農場で熱心に働いている自分を想像しました。② 1カ月後，女性は農業従事者として働いてみようと農場に行きました。彼女はほかの若者たちと畑に立っていました。彼女らはプロの農業従事者がジャガイモの掘り方を説明するのを聞きました。③ 1時間後，みんながジャガイモを掘っていました。彼女らは一生懸命に作業をしていましたが，同時に畑で働くのを楽しんでもいました。女性は，畑仕事は思っていたよりも楽しいと言いました。④ 次の日の朝，女性は会社に戻っていました。まだ午前11時だというのに，とても疲れているようで，全ての仕事をするのに苦労していました。

● 解答例とポイント

No. 1

Please look at the fourth picture. If you were the woman, what would you be thinking?

「4番目のイラストを見てください。もしあなたがこの女性だとしたら，どんなことを考えているでしょうか」

解答例

1

これで
完璧!

I'd be thinking that I shouldn't have gone on the trip to the farm. I should've rested on the weekend so that I could do my job properly during the week.

「農場への体験に行かなければよかったと思っているでしょう。平日にきちんと仕事ができるように，週末は休息をとっていればよかったです」

2

これで
完璧!

I'd be thinking, "I might be happier farming than working in an office. Although it's hard work, I could lead a healthy lifestyle and be in touch with nature."

「『会社で働くより農業の方が楽しいかもしれない。大変な仕事だけど，健康的な生活スタイルで過ごせるし，自然に接していられる』と考えているでしょう」

3

もう
ひと息

I'd be thinking that I should move to the country and become a farmer.

「私は田舎に移住して農家になった方がよいと考えているでしょう」

ポイント

イラストの女性の表情から，とても疲れていて農作業に対する否定的な感情を表す解答を考えるのが妥当だろう。逆に「前日の楽しい作業と比較して，会社での仕事はなんと疲れるのだろう」と考えていると解釈することも可能である。いずれにせよ，その場で思いついた解釈がすぐに表現できるよう，訓練を積んでおくことが必要。3 は田舎で農業を始める利点や都会で生活することの難点などを付け加えたい。

No. 2 Should the government do more to persuade young people to stay in the countryside?

「政府は若者が田舎にとどまるよう説得するのに，もっと多くのことをすべきですか」

 1 これで完璧!

Yes. Many villages are losing many of their young people as they head to big cities. More job opportunities need to be created to keep young people in their communities.

「はい。若者が大都市に向かうため，多くの村で若者の多くがいなくなりつつあります。若い人々を地域社会にとどめておくためには，より多くの就業機会を創出する必要があります」

 2 これで完璧!

I don't think so. Most of the good jobs are in big cities. Young people can't be blamed for wanting to live in a big city where life is more exciting.

「そうは思いません。良い仕事の大半は大都市にあります。生活がより刺激的な大都市に若者が住みたがるのを責めることはできません」

 3 もうひと息

Yes. It should tell people about the advantages of life in the country.

「はい。政府は人々に田舎暮らしの利点を教えるべきです」

ポイント

Yes/No を述べた後，[1] や [2] のような具体例を出すことが，解答全体の情報量を適切に保つことと，意見に説得力を持たせることの両方につながる。[3] は，田舎暮らしの利点について1つでも具体例が必要。例えば，It's usually cheaper for people to live and you can have more space in the country. のような利点がすぐに思い付くとよい。

No. 3 Do you think that people's lives have become more convenient by the use of social media than in the past?

「ソーシャル・メディアの利用により，人々の生活は昔よりも便利になったと思いますか」

解答例

1 これで完璧!

Yes. People can easily get information that they're interested in through social media. Moreover, social media can facilitate communication among friends and family who live far away.

「はい。人々はソーシャル・メディアを通じて興味のある情報を簡単に手に入れられます。さらに，ソーシャル・メディアは遠方に住んでいる友だちや家族とのやりとりを容易にしてくれます」

2 これで完璧!

No. I think social media robs people of their free time because they're expected to answer the messages that they receive immediately. This makes them busier than they used to be.

「いいえ。人々は受け取るメッセージにすぐに答えることが期待されるため，ソーシャル・メディアは人々から自由な時間を奪っていると思います。これは以前より人々を忙しくさせています」

3 もうひと息

Yes. We can communicate with our friends anywhere using social media.

「はい。私たちはどこにいてもソーシャル・メディアの利用により友だちとやりとりすることができます」

ポイント

ソーシャル・メディアの普及によって生活がより便利になったかどうかを尋ねる質問に対し，1 ではソーシャル・メディアを利用することでその場にいない人とのやりとりが容易になったことについて，2 ではソーシャル・メディア上でのやりとりは即応性が求められるため，人々の時間が奪われ以前より忙しくさせていることに言及している。3 はソーシャル・メディアのメリットには触れているが，情報が不足しているので，例や関連事項を追加するとより充実した内容になる。

No.
4

Do you think that Japan imports too much of its food?

「日本は食物を過剰に輸入していると思いますか」

1

これで
完璧!

Yes. We depend on foreign countries for much of our food, which can be dangerous. If worldwide food shortages occur, then other countries may stop selling us the food we need.

「はい。私たちは自分たちの食物の多くを諸外国に頼っており，それは危険です。もし世界的な食糧不足が発生すれば，諸外国は私たちの必要とする食物を売ってくれなくなるかもしれません」

2

これで
完璧!

No. Agriculture in Japan cannot keep supplying enough food to people in Japan, as not so many people are interested in working as farmers these days. Import companies should be ready to import food to Japan whenever needed.

「いいえ。最近は農業に就きたいと思う人がそれほどいないので，日本の農業は日本国内の人々に十分な食物を供給し続けることができません。輸入会社は必要なときにいつでも日本に食物を輸入する準備ができているべきです」

3

もう
ひと息

Yes. We need to find a way to help Japanese farmers produce more food.

「はい。私たちは日本の農家がより多くの食物を生産するのを支援する方法を見つける必要があります」

ポイント

食物輸入が問題のテーマ。1 は2文目で輸入に依存している現状がいかに危険であるかを述べて，3文目で世界的な食糧不足が起きた場合を理由にその主張を補足している。一方で，2 は2文目で食糧自給の困難を述べて，3文目で輸入を促すことを提案している。3 は主張はしっかりとされているが，文章量を増やすためにも，どのような支援が考えられるのかを明らかにしたい。

You have **one minute** to prepare.

This is a story about a woman who gets a job at a casino.
You have **two minutes** to narrate the story.

Your story should begin with the following sentence:
One day, a woman was looking for a job in her hometown.

Questions

No. 1 Please look at the fourth picture. If you were the woman, what would you be thinking?

No. 2 Do you think that gambling should be banned?

No. 3 Do you think that the government should encourage more foreign tourists to come to Japan?

No. 4 Should local governments provide more public signs for people who don't understand Japanese?

問題のテーマ

地域振興がテーマ。日本ではいわゆる「カジノ法案」によって、地方にとって経済を活性化するチャンスが増えると期待されている。一方で、人が集まることで起こり得る諸問題も見逃せない。ここではカジノ施設が地域の雇用創出に一役買うが、治安の悪化により住民が不安を感じるというストーリーである。治安のみならず、路上汚染や交通量増加、賃金格差など幅広く質問が展開される可能性がある。

● ナレーションの組み立て方

1 女性がカフェのオーナーに仕事があるか尋ねていることをまず描写する。続けて，カフェが閉店したことをオーナーの持つお知らせを用いて説明し，ほかのお店についても同様に，お店が閉店してしまったり，借主を募集していたりすることを述べる。

2 女性が新聞を読んでいると，大きな広告が目に入る。そこには新しくオープンする予定のカジノ施設で従業員を募集している内容が書かれている。これらについて説明をした後に，女性のせりふからカジノ施設の求人に応募するために情報を書き留めていることを述べればよい。

3 女性がカジノ施設の受付で働いていることを説明し，カジノ施設が賑わっていて多くの人が訪れている状況について述べる。カジノを楽しむ人がいる一方で，ギャンブルに負けて，顔をしかめる客がいることについても言及したい。

4 女性が仕事の帰り道に，路上で騒いでいる人たちと遭遇する場面。女性の表情から，女性が不安に感じたこと，足早に立ち去ったことを加える。

One day, a woman was looking for a job in her hometown. ① She asked the owner of a local café if there were any jobs. The owner told her that the café had closed down. Many of the other shops on the street were also closed or for rent. ② Two weeks later, the woman was reading a newspaper at home. There was a large advertisement saying that staff was needed for a new casino. She decided to apply for the position, so she wrote down the information. ③ Two months later, the woman was working as a receptionist at the new casino. The casino was very busy and full of customers. One of the customers was frowning while holding his empty wallet. ④ Later that night, the woman was walking along the dark street. A group of men were talking loudly together. The woman felt nervous and she hurried away.

訳 ある日, 女性が地元で仕事を探していました。① 彼女は地元のカフェのオーナーに仕事があるか尋ねました。オーナーはカフェは閉店したと彼女に伝えました。通りにあるほかのお店の多くも閉まっているか, 借主を募集していました。② 2週間後, 女性は自宅で新聞を読んでいました。新しいカジノで従業員が必要とされているという大きい広告が掲載されていました。彼女はその職に応募することにし, 情報を書き留めました。③ 2カ月後, 女性は新しいカジノの受付として働いていました。カジノはとても繁盛していてお客さんでいっぱいでした。お客さんの1人は空っぽのお財布を持ちながら, 顔をしかめていました。④ その晩の遅くに, 女性は暗い道を帰宅していました。男性のグループがみんなで大声で話していました。女性は不安に感じ, 急いで立ち去りました。

No. 1 Please look at the fourth picture. If you were the woman, what would you be thinking?

「4番目のイラストを見てください。もしあなたがこの女性だとしたら，どんなことを考えているでしょうか」

解答例

1

これで完璧!

I'd be thinking how much the casino had changed my hometown. People used to have less money, but at least the streets were safe.

「カジノがどれほど地元を変えてしまったのだろうと思っているでしょう。以前は人々はお金をそれほど持っていませんでしたが，少なくとも通りは安全でした」

2

これで完璧!

I'd be thinking that the dangerous streets were also a sign of economic growth. A strong economy brings social problems, but it's much better for people to be able to make a rich living.

「路上が危ないのは経済成長の表れでもあると思っているでしょう。好景気は社会問題を引き起こしますが，人々が豊かな生活を送ることができる方がはるかにいいです」

3

もうひと息

I'd be thinking that it's dangerous to walk around at night.

「夜間に歩き回るのは危ないと思っているでしょう」

ポイント

「治安」や「経済」をキーワードとして解答するのが無難であろう。①のように以前の方が治安が良かったとなげいてもよいし，②のように景気が良くなり町に人が戻った代償として治安が悪くなったとしてもよい。③は，I should've sought another job to keep myself safe. などの情報を1文追加するとよい。

No. 2

Do you think that gambling should be banned?

「ギャンブルは禁止されるべきであると思いますか」

 1

これで
完璧!

Yes. Some people lose everything and make big debts through gambling. I think the government should be considering new laws that can restrict gambling.

「はい。ギャンブルで何もかも失い，大きな借金を作る人もいます。政府はギャンブルを制限できる新しい法律を検討すべきです」

 2

これで
完璧!

No. Some people may become addicted to gambling, but most people can control themselves. Therefore, not all kinds of gambling should be banned.

「いいえ。ギャンブル中毒になってしまう人もいるかもしれませんが，ほとんどの人は自分を抑制することができます。ですから，全てのギャンブルを禁止する必要はありません」

 3

もう
ひと息

Yes. Some people gamble all day without engaging in their work.

「はい。仕事に従事せずに，一日中ずっとギャンブルをする人もいます」

ポイント

解答の幅がとても広いため，自分の考えをしっかりと伝えることが重要である。いずれの立場から解答するにせよ，筋の通った理由と意見を述べるようにしたい。③ は，It's important to make an environment in which people addicted to gambling can learn how to control themselves. のように，現状に対する自分なりの考えを補足するとよい。

No. 3 Do you think that the government should encourage more foreign tourists to come to Japan?

「政府はもっと多くの外国人旅行客が日本に来るよう働きかけるべきだと思いますか」

解答例

1
これで
完璧!

Yes. Foreign tourists like to visit old temples and beautiful nature spots. These places usually don't have other industries, so tourism can be an important source of income for local people.

「はい。外国人旅行客は古いお寺や美しい自然がある場所を訪れるのが好きです。このような場所はたいてい別の産業を持たないので，観光業が地元の人々の大事な収入源となるでしょう」

2
これで
完璧!

No. The lives of the local people are threatened by some tourists' bad manners. The government should consider not only how to increase the number of tourists but also how to balance tourism and the lives of the local people.

「いいえ。一部の観光客のマナーの悪さによって，地域の人々の生活が脅かされています。政府は観光客の数を増やす方法だけではなく，どのように観光と地元の人々の生活のバランスをとるのかを考えるべきです」

3
もう
ひと息

Yes. Inviting foreign tourists can bring a lot of profit to Japan.

「はい。外国人旅行客を招くことは日本に多くの利益をもたらします」

ポイント

日本に来る外国人旅行客の数は年々増え続けており，1 で述べられているように，地方にとって大きな収入源となっているだけでなく，多様な文化の共栄にも一役買っている。一方で，2 に見るように，一部のマナーの悪い観光客のせいで，地元住民の生活に支障をきたす場合もある。3 は具体的な利益に言及することで改善される。

No. 4 Should local governments provide more public signs for people who don't understand Japanese?

「地方自治体は日本語が分からない人のためにもっと多くの公共標識を提供すべきですか」

1 これで完璧!

Yes, they should, especially in small towns. There are some signs in English and other languages in big cities, but in smaller towns everything is in Japanese. With more multilingual signs, foreign people could enjoy their stay in Japan more.

「はい,小さな町では特にそうすべきです。大都市には英語やほかの言語の標識が幾つかありますが,小さな町では全てが日本語です。多言語の標識がもっとあれば,外国人は日本での滞在をより楽しむことができます」

2 これで完璧!

No, I don't think so. There are already enough signs in foreign languages for foreign people to stay in Japan comfortably. Installing more signs could be a waste of tax money.

「いいえ,そうは思いません。外国人が快適に日本に滞在するのに十分な外国語の標識がすでにあります。これ以上標識を設置してしまうと,税金の無駄になるかもしれません」

3 もうひと息

No. Installing new signs might lead to spoiling the landscape.

「いいえ。新しい標識を設置することは,景観を台なしにするかもしれません」

ポイント

日本における外国人の増加に関連する質問。標識や案内の多言語化は,都市部を中心に各所で進んでいるが,場所によって差があるのが現状である。3 では,Instead of providing signs on the street, the government should provide useful information in multiple languages online. などの意見を付け足すとよい。

You have **one minute** to prepare.

This is a story about a university student who missed classes to look for a job.
You have **two minutes** to narrate the story.

Your story should begin with the following sentence:
One day, a university student went job-hunting.

Questions

No. 1 Please look at the fourth picture. If you were the student, what would you be thinking?

No. 2 Do you think that it's too easy to graduate from Japanese universities?

No. 3 Do you think that universities should offer more practical subjects?

No. 4 Should the government help pay university tuition for students from poorer families?

問題のテーマ

在学中に就職活動をしなければならない日本の状況では，学業と就職活動との両立が大きな問題となっている。教育問題と社会問題の両方を取り扱うトピックとして発展性のあるテーマである。望むと望まざるとにかかわらず，イラストに描かれている大学生のような状況に陥った場合にどのように対処したらよいかは大きな問題。さまざまな意見が考えられるが，自分なりの一貫した意見を持って解答することが肝心。

● ナレーションの組み立て方

1 言い出しの文の後は，イラストに描かれているまま，スーツを着て就職説明会に参加したことを描写する。ナレーションの例のように，大学生の心情や会場の様子を付け加える。

2 場所が特定できる場合は，どこにいるかを述べた後，登場人物の行動について触れる。ナレーションの例の最後の1文のように，授業の多くに出席できないことについても触れるとよりよい。

3 教授が，クラスメートに学生のことを尋ね，クラスメートは「就職活動で忙しい」と返答したことを説明する。せりふを活用するとよい。

4 イラストには教授が学生に通告をするところしか描かれていないが，ナレーションの例のように，「教授に呼ばれた」などを入れると，ナレーションがスムーズになる。

One day, a university student went job-hunting. ① He wore a business suit and attended a job fair. He was surprised by how many other students there were at the fair. There was not enough room for everyone to sit down. ② A few days later, he was sitting in a café with a cup of coffee. He was writing down the dates of the examinations for employment in his diary. A lot of the examinations were on the days when he had classes, and he would not be able to attend most of his classes. ③ A month later, the student's professor asked one of his classmates why he was absent from class. The classmate told the professor that he was busy job-hunting these days. ④ Four months later, the student was called by the professor. The professor told him that it would be difficult for him to graduate.

訳 ある日，大学生が就職活動に行きました。① 彼はスーツを着て，ある就職説明会に参加しました。彼は説明会になんとたくさんの学生がいるのだと驚きました。全ての学生が座るのに十分なスペースはありませんでした。② 数日後，学生はカフェでコーヒーを飲みながら座っていました。彼は手帳に採用試験の日程を書き込んでいました。試験の多くが授業のある日と重なっていて，ほとんどの授業に出席できそうにありませんでした。③ 1カ月後，学生の受け持ちの教授は，彼のクラスメートに，なぜ彼が授業を休んでいるのかを尋ねました。そのクラスメートは教授に彼が最近，就職活動で忙しくしていることを伝えました。④ 4カ月後，学生は教授に呼ばれました。教授は彼に卒業は難しいだろうと伝えました。

● 解答例とポイント

No. 1

Please look at the fourth picture. If you were the student, what would you be thinking?

「4番目のイラストを見てください。もしあなたがこの学生だとしたら，どんなことを考えているでしょうか」

解答例

1

これで
完璧！

I'd be thinking that the professor was unfair. It wasn't my fault that the companies put their exams on the days when I had classes.

「教授（の判断）は不当だと思っているでしょう。会社が授業のある日に試験を入れたのは私の落ち度ではなかったのです」

2

これで
完璧！

I'd be feeling sorry for missing so many classes. I'd also be worrying that I wouldn't be able to get a job if I wasn't able to graduate.

「それほどまで多くの授業を欠席したことを後悔しているでしょう。そして，卒業できなければ就職もできないだろうと心配してもいるでしょう」

3

もう
ひと息

I'd be thinking that it wasn't my fault.

「自分の落ち度ではなかったと考えているでしょう」

ポイント

大学生の表情から判断すると，抗議，後悔，不安など幾つかの心情が考えられる。どれか1つの心情に絞って解答してもよいし，2のように2つ並べて答えてもよい。3のように，it wasn't my fault としただけでは不十分。「自分の落ち度ではなかった」という根拠を付け足さなければならない。1の第2文はその良い例である。

Do you think that it's too easy to graduate from Japanese universities?

「日本の大学は卒業するのが容易過ぎると思いますか」

解答例

1 これで完璧!

Yes. In some countries, it's easy to enter university but difficult to graduate. I think that's a better system because students have to study hard and learn their subjects.

「はい。大学に入るのは簡単でも卒業するのは難しい国もあります。私はその方が良いシステムだと思います。学生は熱心に勉強し，自分の学問分野を学ばなければならないからです」

2 これで完璧!

No. It may have been true in the past, but professors are much stricter now. Also, in Japan, students have to take a lot of subjects at university, such as foreign languages.

「いいえ。以前はそうだったかもしれませんが，現在では教授陣は以前よりもはるかに厳しくなっています。また日本では，学生は大学で外国語など多くの科目を履修しなければなりません」

3 もうひと息

Yes. Teachers are too easy on students in Japan.

「はい。日本では先生たちは学生に甘過ぎます」

ポイント

「日本の大学は入るのは難しいが出るのは簡単，外国はその逆」というのはよく聞かれる意見である。国内外の全ての大学がこの事実に当てはまるわけではないため，1 は物事の一面しか見ていない意見ではある。しかし，短い時間で解答を出さなければならない面接では，このような一般的な見解を述べても構わない。3 は They should make students study harder and learn more. のような，ごく簡単な補足を付け足すだけでも改善できる。

No. 3 Do you think that universities should offer more practical subjects?

「大学はもっと実用的な科目を提供するべきだと思いますか」

解答例

1

これで
完璧!

Yes. Many subjects are too academic. For example, students learn to read difficult books in English but don't become good at communicating in the business world.

「はい。多くの科目は学問的過ぎます。例えば，学生は英語で難解な本を読めるようにはなりますが，ビジネスの世界におけるコミュニケーションは上手になりません」

2

これで
完璧!

No. The job of universities is to teach academic subjects. If students want to learn practical skills, they should go to another kind of school for that.

「いいえ。大学の職務は学問教科を教えることです。学生が実用的な技能を身につけることを望むのであれば，そのための別種の学校に行くべきです」

3

もう
ひと息

Yes. Most subjects taught at university aren't really useful.

「はい。大学で教えられている大半の科目はあまり有益ではありません」

ポイント

賛否の分かれる質問だが，No. 2同様，一方の意見に絞って解答した方がよい。どちらか一方に絞るということはそれだけ反論もされやすく，意見としては不完全なものになりがちだが，意見の説得性よりも論旨の一貫性を優先すべきである。[1]は抽象的なことから具体的なことへとつながるように意見を並べた好例。[2]はifを用いて自分と反対の立場に言及して，代案を追加した好例。[3]は意見の理由を具体的に述べると改善される。

No. 4 Should the government help pay university tuition for students from poorer families?

「政府は貧困家庭の学生のために大学の授業料の支払いを援助すべきですか」

1 これで完璧!

Yes. Today, there are many competent students whose families can't afford the tuition. It's unfair if a person's level of education is determined by how wealthy their family is.

「はい。今日では家族が授業料を払えないけれども優秀な学生がたくさんいます。家庭の貧富の程度によって人の教育水準が決まってしまうのは不公平です」

2 これで完璧!

No. There are many ways to earn money without the government's help. If students don't have much money, they can work part-time jobs after school and during their vacations to pay their tuition fees.

「いいえ。政府の援助がなくてもお金を稼ぐ多くの手段があります。学生にあまりお金がなければ，学費を払うために放課後や休暇中にアルバイトをすることができます」

3 もうひと息

Yes. Some students can't go to university because they don't have enough money.

「はい。十分なお金がないために大学に行けない学生もいます」

ポイント

1 と 2 が根拠が明確であるのに対し，3 はやや説明不足。If they can't get any higher education, it's bad for the economy as Japan will need more and more skilled workers in the future. のように，弊害などを補足して答えるようにしたい。「もし～だったら［でなかったら］」と援助があった［なかった］場合を考えて，意見を膨らませる訓練をするとよい。

You have **one minute** to prepare.

This is a story about a man whose company decided to introduce a teleworking system.
You have **two minutes** to narrate the story.

Your story should begin with the following sentence:
One day, a man wearing glasses was going to his company on a crowded rush-hour train.

Questions

No. 1 Please look at the fourth picture. If you were the man, what would you be thinking?

No. 2 Do people today live healthier lifestyles than they used to?

No. 3 Do you think that people today have a different attitude toward work compared to people in the past?

No. 4 Should Japanese employees try to take long vacations?

問題のテーマ

働き方改革の一環で普及が進んでいるテレワークがテーマ。労働者にとって働く場所や時間を問わないことから，通勤や対人関係にストレスを感じることが減る一方で，他人の干渉が少ないために，身だしなみが乱れることや，仕事と私生活の区別ができずに生活のリズムが崩れていくこともある。ITの利便性や余暇の過ごし方に至るまで，幅広い話題に質問が及ぶ可能性がある。現在の多様な働き方に至るまでどのような変化があったのか，背景を調べておくとよいだろう。

● ナレーションの組み立て方

1 男性が通勤のために，満員電車に乗っていることを説明した後に，落ち着かない表情で時間を気にして時計を見ていることを伝える。さらにほかの乗客の疲弊した様子や窮屈に感じている様子を付け加えるとよい。

Later at work

New teleworking system starting next week !

2 会社で，男性がテレワークの導入の掲示を見かけたことをまず説明し，男性の表情からテレワークを歓迎している様子を付け加える。

One week later

3 男性がテレワークを始めたことを説明する。これだけでは情報が少ないので，男性が通勤していたときとは異なり，カジュアルな服を着て働いていることや，机の上には飲み物や食べ物があることも説明に加えるとよい。

One month later

4 テレワークを続けた結果、人目につかないために，ひげや髪が伸び，太ってしまったことを説明する。さらに，部屋が散らかっている状況も描写するとよい。

One day, a man wearing glasses was going to his company on a crowded rush-hour train. ① The man was looking at his watch because he was worried about getting to work on time. Other passengers looked tired and uncomfortable. ② Later at work, there was a notice announcing the start of a new teleworking system. The man was pleased with the notice. ③ One week later, the man was sitting in front of his computer at home working. He was dressed in casual clothes. There were some sandwiches and a cup of coffee on his desk. ④ One month later, the man was still working from his home. However, his hair got long and he put on weight. In addition, his room was very messy.

訳 ある日，メガネをかけた男性が混雑時の電車に乗って通勤していました。① その男性は定時に職場へ着けるのかを心配して，時計を見ていました。ほかの乗客は疲弊し，居心地が悪そうに見えました。② その後職場では，新しいテレワーク制度を開始することを知らせる掲示がありました。男性はその知らせを喜びました。③ 1週間後，男性は自宅でパソコンの前に座り，仕事をしていました。カジュアルな服を着ていました。机の上にはサンドウィッチとコーヒーがありました。④ 1カ月後，男性はまだ在宅勤務を続けていました。しかしながら，髪が伸び，太ってしまいました。さらに，部屋の中はとても散らかっていました。

No. 1

Please look at the fourth picture. If you were the man, what would you be thinking?

「4番目のイラストを見てください。もしあなたがこの男性だとしたら，どんなことを考えているでしょうか」

解答例

1
これで完璧!

I'd be thinking that I should have more self-discipline and that I should start going to the gym in my spare time. I should also try to dress neatly even at home to keep myself in good habits.

「もっと自分を律して，空き時間にスポーツジムへ通い始めるべきだと思っているでしょう。また，良い習慣を維持するために，家でも身なりをきちんと整えるべきです」

2
これで完璧!

I'd be thinking that I prefer going to the company to doing teleworking at home. Although teleworking means you don't have to commute, it also means that you become isolated from your coworkers and it may worsen your health.

「自宅でテレワークをするよりも，会社へ通勤する方がよいと思っているでしょう。テレワークは通勤をする必要がないということですが，同僚から孤立して，健康を悪化させるかもしれません」

3
もうひと息

I'd be thinking that I regret starting to work from home.

「在宅勤務を始めたことを後悔していると思っているでしょう」

ポイント

話の流れから，男性がテレワークに対して否定的になったと考えると答えやすい。その要因としては，1のように自分自身を管理することが難しいこと，2のように同僚と会えないことや不健康になってしまうことなどが挙げられるだろう。3は文章量が少ない。なぜ後悔しているのかを，上述の理由を用いて補うとよい。

No. 2 Do people today live healthier lifestyles than they used to?

「最近の人々は，以前と比べて，より健康的な生活様式を営んでいますか」

1

これで
完璧!

Yes. People don't drink and smoke as much as they used to. Also, more people belong to gyms and get regular exercise.

「はい。人々は以前ほどお酒を飲んだりたばこを吸ったりしません。また，より多くの人々がスポーツジムに所属し，定期的に運動をしています」

2

これで
完璧!

No. Eating habits of Japanese people have become much less healthy than before. People consume much more fat and sugar than they used to and this is giving rise to many health problems.

「いいえ。日本の人々の食生活は以前よりもはるかに健康的でなくなりました。人々は，以前よりもとても多くの脂質や糖を摂取し，このことが多くの健康問題を引き起こしています」

3

もう
ひと息

No. People today have diverse lifestyles. Lately, more people work at night.

「いいえ。最近の人々は多様な生活様式を持っています。最近では，より多くの人が夜に働いています」

ポイント

最近では，健康を意識する人が増え，街中でランニングをしている人やスポーツジムに通う人を多く見かける。一方で，忙しさや煩わしさから食事をインスタント食品や外食に依存する人も増えている。③では，生活様式の多様化によって，夜間に働く人が昔に比べて増えたことに言及しているが，質問の趣旨との直接的な関係が読み取りにくい。Working at night forces people to have irregular lifestyles, which isn't good for the body. など，質問の内容に沿ったNoの理由となる1文を加えるとよい。

No. 3

Do you think that people today have a different attitude toward work compared to people in the past?

「最近の人々は昔の人々と比べて仕事に対する態度が異なっていると思いますか」

解答例

1 これで完璧!

Yes. In the old days, people had strong relationships with their colleagues and a feeling of loyalty to the company. These days, many young people don't socialize with their colleagues and they often change their jobs.

「はい。昔は人々が同僚との間に強い関係をもち，会社への忠誠心がありました。最近では，若い人々の多くが同僚と付き合おうとせず，仕事を頻繁に変えてしまいます」

2 これで完璧!

No. I think company life is still very important for most Japanese people. Many people still work long hours and go out for a drink with their colleagues in the evening.

「いいえ。多くの日本人にとって，会社での生活はいまだに大事なものであると思います。いまでも会社で長時間働き，夜には同僚と飲みに行く人も多いです」

3 もうひと息

Yes. Fewer people these days want to be promoted to higher positions in the company.

「はい。会社でより高い役職へ出世したいと思う人が減っています」

ポイント

ひと昔前と比べて人々の労働環境は大きく様変わりした。そこで働く人々の仕事に対する姿勢や態度も当然変化し得る。Yes/Noの主張を，1 では昔と今を比較してその違いを明確に説明している。一方で，2 では昔から変わらないと思われる一面を押し出すことで主張の正当性を明確にしている。3 は内容が少し物足りない。because they don't want to receive huge responsibilities. It's more important for them to balance life and work than to show their dedication to their careers. などの理由を付け足すことで内容が充実する。

Day 4

No. 4 Should Japanese employees try to take long vacations?

「日本の労働者は長い休暇を取るようにすべきですか」

1 これで完璧!

Yes. Japanese people work too much. If they took long vacations, they could fully refresh themselves, and they wouldn't feel so stressed when they're back at work.

「はい。日本の人々は働き過ぎです。もし長い休暇を取ったら, 完全にリフレッシュすることができ, 仕事に戻ったときもそんなにストレスを感じることがないでしょう」

2 これで完璧!

No. Most Japanese people worry about their jobs if they're away from work for too long. It's better for them to take shorter vacations.

「いいえ。大半の日本の人々はあまりにも長く仕事から離れると不安を覚えます。より短い休暇を取った方がよいです」

3 もうひと息

Yes. Everybody needs to have a proper holiday sometimes.

「はい。誰もが時には適正な休暇を取る必要があります」

ポイント

日本における休暇の取得については, 認められていても長期では取りづらいという問題を多くの労働者が抱えている。その点を踏まえると解答しやすい。1 は長期休暇を取ることの利点を挙げ, Yes の立場を補足している。2 は多くの人の気持ちを説明しながら, 代案を挙げて No の立場を補足している。3 は明快でよいが, Most workers in Japan aren't allowed to use many of their vacation days at once. のように, 賛成の立場をサポートするような根拠を1つ追加するとより高い評価を得られる。

62

You have **one minute** to prepare.

This is a story about a woman who had a frightening experience.
You have **two minutes** to narrate the story.

Your story should begin with the following sentence:
One day, a woman was talking to her parents.

Questions

No. 1 Please look at the fourth picture. If you were the woman, what would you be thinking?

No. 2 Do you think that society is becoming more dangerous?

No. 3 Do you think that parents today are too protective of their children?

No. 4 Do security cameras on the street lower Japan's crime rates?

問題のテーマ

保護者や地域住民が通学途中の児童・生徒の安全のためにパトロールをするのはよく目にする光景であるが，最近では，防犯対策の一環として街角に防犯カメラが設置されていることも珍しくない。このような監視による地域の治安維持への取り組みが今回のテーマ。防犯カメラの設置が必要であるということは，それだけ地域社会に犯罪や危険が多いという状況を物語っている。

● ナレーションの組み立て方

1 問題カードの状況説明とイラストから，女性が不審な男に後をつけられたことが分かる。まず女性が両親にそのことを話していることを描写した後，両親の表情から，二人が娘の帰宅経路の治安に不安を感じていることを読み取り，表現する。

2 最初に，女性とその両親が警察署へ相談に行ったことを述べる。They asked the police officer there to ... にせりふを当てはめる。次に，警官の返答に言及する。ここもせりふを活用する。直接話法を用い，The police officer said, "We don't have enough officers." としてもよい。

3 まず，女性と両親のもとに地元自治体からお知らせが届いたことを説明する。次に，お知らせに書かれている内容を活用し，防犯カメラが設置されたことに対して，女性と両親が安心している様子を描写すればよい。

4 女性が帰宅時に通りを歩いていると，複数の防犯カメラが設置されていることに気付いたことを説明する。防犯カメラが彼女を監視している様子を描写するとよりよい。

One day, a woman was talking to her parents. ① She told them that on her way home that night, she had been followed by a man who looked suspicious. Her parents were very worried by what she said. ② The next day, the woman and her parents went to the police station. They asked the police officer there to put a patrol on the streets at night. The officer told them the police couldn't because they didn't have enough officers. ③ A few weeks later, the woman received a notice issued by the local government. She and her parents were relieved because several security cameras were installed on the streets. ④ A month later, she was walking home. She found that there were a lot of security cameras on the streets. The cameras were constantly observing her.

訳 ある日，女性が両親と話をしていました。① 彼女はその晩の帰宅途中に，怪しそうな男に後をつけられたと話しました。女性の両親は彼女が話したことにとても心配になりました。② 次の日，女性とその両親は警察署に行きました。彼女らはそこにいた警官に，夜に通りをパトロールしてほしいと頼みました。警官は警察には十分な数の警官がいないので，（パトロール）できないと言いました。③ 数週間後，女性は地元の自治体が発行したお知らせを受け取りました。彼女とその両親は複数の防犯カメラが路上に設置されたので安心しました。④ 1カ月後，彼女は歩いて家に帰っていました。彼女は通りにたくさんの防犯カメラがあることに気付きました。それらのカメラは絶えず彼女を監視していました。

No. 1 Please look at the fourth picture. If you were the woman, what would you be thinking?

「4番目のイラストを見てください。もしあなたがこの女性だとしたら，どんなことを考えているでしょうか」

解答例

1 これで完璧!

I'd be thinking that installing security cameras on the streets is a good idea. I'd also be expecting that crime would not happen in my neighborhood. We can't rely solely on the police to keep our communities safe.

「路上への防犯カメラの設置は妙案だと思っているでしょう。そして，近所で犯罪が起こらないだろうと期待もしているでしょう。私たちは自分の地域の安全維持を警察だけには頼れません」

2 これで完璧!

I'd be thinking that installing security cameras invades the privacy of people in the community. Security cameras also make more people in the community feel scared and keep them away from walking on the streets.

「防犯カメラの導入は地域の人々のプライバシーを侵害すると思っているでしょう。防犯カメラはまた，地域のより多くの人々を怖がらせ，通りを歩くことを避けさせてしまうのです」

3 もうひと息

I'd be thinking that installing security cameras keeps us safe.

「防犯カメラの設置により安全が保たれると思っているでしょう」

ポイント

1 は防犯カメラの利点を，2 はその欠点を挙げてそれぞれの考えを述べている。I'd be thinking, "The idea of installing security cameras is very nice." のような直接話法を用いた解答も可能。3 は補足情報や説明，理由を付け加えるとよい。

67

Do you think that society is becoming more dangerous?

「社会はさらに危険になっていると思いますか」

Yes. We often hear of incidents where people at places such as railway stations are attacked by strangers. Such incidents used to be quite rare, even a few years ago.

「はい。鉄道の駅のような場所で人々が見知らぬ人に暴行を受けるという出来事をよく耳にします。そのような出来事はかつては，数年前ですら，とてもまれでした」

No. We read about sensational cases in the newspapers, but actually they're very unlikely to happen. The news reports of such crimes have increased, but the frequency of the crimes hasn't.

「いいえ。私たちは新聞を読んで衝撃的な事件について知りますが，実際にはそのような事件が発生する可能性はとても低いです。そのような犯罪の報道は増えましたが，犯罪が起こる頻度は増えていません」

Yes. I think it's frightening to walk alone at night.

「はい。夜に一人で歩くのは恐ろしいと思います」

ポイント

1 と 2 のように，Yes/No を明確に述べた後に，その妥当性を裏付ける根拠を付け足すという形式で答えるのは良い解答方法の1つである。Yes/No だけでその根拠がない発言は説得力がない。3 はなぜそう思うのか，You may be followed or even attacked by a stranger on the street. などの例を追加するとよい。例示によって抽象的な意見が具体的になり，より理解しやすくなる。

No. 3 Do you think that parents today are too protective of their children?

「最近の親は自分の子どもに対して過保護だと思いますか」

解答例

1 これで完璧！

Yes. Children need to learn to be more independent. If parents look after them all the time, they won't learn how to look after themselves when they're older.

「はい。子どもはもっと自立できるようになる必要があります。親が子どもをずっと世話していると，もっと大きくなったときに自分のことを自分でする方法が身につきません」

2 これで完璧！

No. I often see children out on the streets at night by themselves. Parents should take care of their children more to prevent something from happening to them.

「いいえ。夜に子どもたちだけで街にいるところをしょっちゅう見かけます。親は自分たちの子どもに何かが起こるのを未然に防ぐため，もっと面倒を見るべきです」

3 もうひと息

Yes. So, it's better for parents to teach their children to depend on themselves.

「はい。ですから，親は自分たちの子どもに自立するよう教えるべきです」

ポイント

Yes/No を述べた後に付加する根拠として，2 の第2文のような具体的な事例を思い出して述べるとよい。あるいは 1 のように「もし～だったら，…のような問題が生じる」など，想定される結果について言及するというのも良い方法である。3 は，子どもが自立できないでいることによる弊害など，根拠を追加すると改善される。

No.
4

Do security cameras on the street lower Japan's crime rates?

「防犯カメラは日本の犯罪率を下げますか」

解答例

1

これで
完璧!

I think so. Security cameras can help to catch criminals easily. As a matter of fact, a lot of cases have been solved due to their installation. As a result, the security cameras are effective in preventing people from committing crime.

「そう思います。防犯カメラは簡単に犯人を捕まえる手助けになり得ます。実際のところ，カメラの設置により多くの事件が解決されてきました。結果的に，防犯カメラは人々が犯罪を犯すのを抑止するのに効果的です」

2

これで
完璧!

It depends on the type of crime. Crime on the Internet has been increasing year by year. As criminals come up with new ideas to commit crime online one after another, security cameras cannot prevent all kinds of crime these days in Japan.

「犯罪の種類によります。年々，インターネットでの犯罪が増えています。犯罪者はインターネット犯罪の新しい手法を次々と編み出すので，防犯カメラは今日の日本で起こる全ての種類の犯罪を防ぐことはできません」

3

もう
ひと息

I think so. Criminals will stay away from the streets.

「そう思います。犯罪者は通りから遠ざかるでしょう」

ポイント

Yes/No を明確にせずに，2 のように It depends on ... と述べ，状況によって異なる意見があることを示す解答方法もある。この方法で解答する際も，明確に根拠に言及すること。3 は出だしとしてはよいが，それによって安全な場所が増えるなどの効果にまで触れるとより良い解答になる。

Day **6**

You have **one minute** to prepare.

This is a story about a boy and his friends who liked playing video games.

You have **two minutes** to narrate the story.

Your story should begin with the following sentence:

One day, a boy was playing video games with his friends.

Questions

No. 1 Please look at the fourth picture. If you were the mother, what would you be thinking?

No. 2 Do you think that video games have a bad influence on children?

No. 3 Should the local government provide more parks for people living in cities?

No. 4 Do you think that children today should be given more free time?

問題のテーマ

ここでは外で遊ぶ機会を奪われてしまい，結局は公園でテレビゲームをする少年たちが描かれている。メディアなどでは，友人との遊びを通したコミュニケーションスキルの発達の機会が減少していることも大きな問題として取り上げられている。社会問題と教育問題の両方からのアプローチが考えられるテーマであり，Questions も多岐にわたる可能性がある。

1 少年たちが遊んでいるところへ母親がやってきて，外で遊ぶことを提案したというストーリーの主題を外さないようにナレーションを展開する。そのほかの詳細は後の展開に必要だと思うものがあれば追加する。

2 イラストから少年たちが公園に遊びに来ていることを描写する。その後，ストーリーの要となる看板の描写に移る。ナレーションの例では現在分詞 saying を使っているが，There was a notice. It said that ... と文を分割してもよい。

3 少年たちが通りに移動し，道路の真ん中でサッカーをしていることを述べ，そこで何が起こったかを描写する。車が来るが，少年たちがいるために通れないという事実を先に描写し，最後にせりふを活用し，ドライバーが少年たちに注意したことを述べる。

4 少年たちが公園でゲームをしていることに加え，母親の様子を簡潔に描写する。

Day

6

73

One day, a boy was playing video games with his friends. ① It was a warm, sunny day. His mother brought the boys some drinks and cookies. When she saw they were playing video games, she suggested that they go and play outside. ② Half an hour later, the boys were standing in front of a local park. They had a soccer ball with them, but there was a notice saying that playing ball games in the park was prohibited. They looked disappointed. ③ A little later, they were playing soccer in the street. The boys were chasing the ball in the middle of the road. A car came along but couldn't get past them, so the driver told them to move out of the way. ④ The next day, the boy was with his friends in the park. They were sitting on a bench playing video games together. The boy's mother was looking on thoughtfully.

訳 ある日，少年が友だちと一緒にテレビゲームをしていました。① 日が照って暖かな日でした。彼の母親が少年たちに飲み物とクッキーを持ってきました。母親は彼らがテレビゲームをしているのを見ると，外に出て遊ぶことを提案しました。② 30分後，少年たちは地元の公園の前に立っていました。彼らはサッカーボールを持っていましたが，公園で球技をすることは禁止されているという看板がありました。少年たちはがっかりしたようでした。③ しばらくして，彼らは通りでサッカーをしていました。少年たちは道路の真ん中でボールを追いかけていました。自動車がやって来ましたが，通れませんでした。すると，自動車のドライバーは彼らに道をどくように言いました。④ 次の日，少年は友だちと一緒に公園にいました。彼らはベンチに座り，みんなでテレビゲームをしていました。少年の母親は思案げにそれを見ていました。

No. 1

Please look at the fourth picture. If you were the mother, what would you be thinking?

「4番目のイラストを見てください。もしあなたがこの母親だとしたら，どんなことを考えているでしょうか」

解答例

1
これで完璧!

I'd be thinking, "I need to speak to the local residents' association about this problem. Perhaps they'll be able to change the rules so that the boys can play soccer here."

「『町内会にこの問題のことを話す必要がある。たぶん，町内会は男の子たちがここでサッカーができるように，規則を変えられるかもしれない』と考えているでしょう」

2
これで完璧!

I'd be thinking that it'd be better if they were running around and using some energy, but at least they're outside with the fresh air here.

「子どもたちが走り回ってエネルギーを発散できた方がよいけれど，少なくとも外に出て，ここの新鮮な空気には触れている，と思っているでしょう」

3
もうひと息

I'd be thinking that the boys should go to another park.

「男の子たちは別の公園に行った方がよいと考えているでしょう」

ポイント

解答はあくまでも母親の心情を描写する「内容」の方に力点を置くことが重要だが，細かな文法にも留意したい。例えば ② では，前半は現実ではないために仮定法が使われているが，後半は目の前で行われていることの描写なので直説法を使っている。なお ③ は，少年たちが別の公園に行った方がよい理由を付け足せば，より良い解答になる。

Day

6

75

No. 2 Do you think that video games have a bad influence on children?

「テレビゲームは子どもに悪影響を与えると思いますか」

1 これで完璧!

Yes.　Many children spend their free time playing video games alone.　Because they don't play with other children, they don't learn good social skills.

「はい。多くの子どもたちは一人でテレビゲームをして自由時間を過ごします。ほかの子どもと遊ぶことがないので，人とうまく付き合う技能が身につきません」

2 これで完璧!

No.　Children have lots of club activities or homework most days, so I think playing video games is a good thing as it can help them relax.

「いいえ。子どもたちは，たいていの日は部活や宿題がたくさんあるので，テレビゲームで遊ぶことは，それで彼らは息抜きできるのですから，良いことだと思います」

3 もうひと息

Yes.　Children play them on their own at home and don't go out enough.

「はい。子どもたちは家で一人でゲームをしていて，十分に外に出ていません」

ポイント

テレビゲームも悪い影響ばかりではなく，良い面もあるだろう。しかし，解答の際には，どちらか一方の立場に絞って考えた方が意見をまとめやすい。③は，質問で悪い影響があるか否かを問うているので，悪影響の具体例として運動不足になるなど，もう一歩踏み込んで述べるとよい。

No. 3 Should the local government provide more parks for people living in cities?

「地方自治体は都市の住民に対し，もっと多くの公園を提供すべきですか」

1

It won't be easy but the local government should try. Parks allow children and adults to escape from the stresses of hectic city life and relax in natural surroundings.

「容易ではないかもしれませんが，地方自治体は努力すべきです。公園があることで子どもも大人もきわめて多忙な都市生活のストレスから解放され，自然環境の中でくつろぐことができます」

2

No. The land in cities is very expensive, so creating more parks would take a lot of taxpayers' money. There are more important things to spend our money on such as more hospitals and schools.

「いいえ。都市の土地代はとても高いので，公園を造ることは税金を多く使うことになるでしょう。病院や学校を増やすなど，我々市民のお金をかけるべき，もっと重要なことがあります」

3

Yes. People like parks and they're good places for children to play.

「はい。人々は公園が好きで，公園は子どもたちが遊ぶのによい場所です」

ポイント

質問の内容は，ふだんあまり考えることがないかもしれない。すぐに Yes/No が決められない場合は，まず行政がより多くの公園を造ることによってどんな利益あるいは弊害があるかを考えて，思いついた考えを軸にして答えるとよい。質問に対して Yes/No いずれかの立場をとりながらも，「～すべきだ」と意見を強く言いたくない場合は，1 のような It won't be easy but という前置きを付けることで表現が中和される。3 は，公園は近隣の人々の生活の質を高めてくれるなどと補足すれば，より良い解答になる。

No.
4

Do you think that children today should be given more free time?

「今日の子どもたちはもっと自由時間を与えられるべきだと思いますか」

1
これで
完璧！

Yes. Children study too much. Even after school finishes, they go to cram schools, which gives them no time to find out who they are and what they want to do.

「はい。子どもたちは勉強し過ぎです。学校が終わった後でさえ彼らは塾に行きますので，自分自身を見出し，自分は何がしたいのかを見つける時間がありません」

2
これで
完璧！

No. Children today have more free time than they used to. They don't study hard, so academic standards are dropping. This may affect Japan's economy in the future.

「いいえ。最近の子どもたちは以前よりも多く自由な時間を持っています。彼らは熱心に勉強しないので，学力水準が落ちています。このことは将来の日本経済に影響を及ぼすかもしれません」

3
もう
ひと息

Yes. Children spend too much time studying at school.

「はい。子どもたちは学校で勉強に費やす時間が多過ぎます」

ポイント

最近の子どもたちの傾向についての出題。子どもたちの自由時間を増やすことで，子どもたち自身あるいは日本社会にどんな影響があるかを考える。なお，「自由時間の多さ」を「勉強時間の少なさ」に結びつけるのは安直だとも言えるが，一般的でごく自然な考えでもある。解答ではこれを利用して，現代の子どもたちはどちらの時間が多いのかを説明し，その利点あるいは問題点を具体的に述べれば十分。③は，学校での勉強時間が多いことでどんな問題があるのかを説明する必要がある。

You have **one minute** to prepare.

This is a story about a man who broke his leg.
You have **two minutes** to narrate the story.

Your story should begin with the following sentence:
One day, a man broke his leg and went to a hospital.

Questions

No. 1

Please look at the fourth picture. If you were the old woman, what would you be thinking?

No. 2

Do you think that more needs to be done to make cities in Japan more convenient for disabled people?

No. 3

Do you think that people in Japan are too tolerant of other people's behavior?

No. 4

Should stricter laws be put in force to ban rude behavior?

問題のテーマ

電車の優先席でのマナーがテーマ。近年では，一部の都市で，妊婦であることや障がいを抱えていることを他人から可視化する目的で，シンボルマークが普及しており，優先席を必要とする人に気が付きやすくなった。周りの人々のマナーや気遣い，誰でも住みやすい街にするためのインフラ整備など話題が広がりやすいテーマである。身近であるからこそ，あまりにも個人的な解答や感情的な解答にならないように気を付けたい。

You can go back to work after a week.

1 足を骨折した男性が医者にかかり，治療を受けていることを説明する。医者のせりふを用いて，1週間後に仕事へ復帰できるという診断も述べておきたい。

A week later

Priority seat

2 治療を受けた男性が駅で電車を待っており，そこで優先席に関する案内を目にする。ここでは，優先席に座れるのはどのような人々なのかを極力ていねいに説明しよう。

Day

7

A few minutes later

Please have my seat.

3 優先席が全て埋まっていたが年配の女性が席を譲ってくれた状況を述べよう。女性以外はだれも男性に席を譲ろうとしなかったことを付け加えてもよい。

After a while

4 男性に席を譲った年配の女性ががまんして立っていて，ほかの乗客は相変わらず席を譲ろうとしないことを説明するとよい。

One day, a man broke his leg and went to a hospital. ① The doctor put his leg in a cast. He told the man that he could go back to work after a week. ② A week later, the man was waiting for a train at the station. There was a sign explaining that priority seats were available for the elderly, injured people, people with disabilities, people carrying small children, and pregnant women. ③ A few minutes later, the man was on the train. It was crowded and all the priority seats were taken. Then, an elderly woman sitting in the priority seat offered her seat to him. ④ After a while, the woman was standing, but she got tired. However, no passengers would give her their seats.

訳 ある日，男性が足を骨折して，病院に行きました。① 医者がギプスを足に付けてくれました。医者は男性に，1週間経てば仕事に復帰できると伝えました。② 1週間後，男性は駅で電車を待っていました。標識があり，お年寄り，けがをした人，障がいを抱えた人々，小さな子どもを連れた人や，妊婦向けに優先席があると書いてありました。③ 数分後，男性は電車に乗車していました。混雑しており，優先席は全て埋まっていました。すると，優先席に座っていた年配の女性が彼に座席を譲ってくれました。④ しばらくして，その女性は立っていましたが，疲れました。しかし，どの乗客も彼女に座席を譲ろうとはしませんでした。

No. 1

Please look at the fourth picture. If you were the old woman, what would you be thinking?

「4枚目のイラストを見てください。もしあなたが年配の女性だとしたら，何を考えているでしょうか」

解答例

1 これで完璧!

I'd be thinking that it was shocking that none of the other passengers had offered their seats. On the other hand, I'd be pleased that the man could rest his leg.

「ほかの乗客の誰も席を譲ろうとしなかったことがショックだと感じているでしょう。一方で，男性が足を休めることができてよかったと思っているでしょう」

2 これで完璧!

I'd be thinking that someone younger than me should've given up their seats to the man. I'd be hoping to find an empty seat after the next stop.

「自分より若い人がその男性に席を譲るべきだったと考えているでしょう。次の停車駅を過ぎたら空いている席を見つけたいと思っているでしょう」

3 もうひと息

I'd be thinking that I'd find an empty seat in the next car of this train.

「隣の車両で空席を見つけようと思っているでしょう」

ポイント

1 も 2 も，席を譲った年配の女性が，周りの乗客に対して不満をもっている様子を示している。大切なのは，それ以外にも的確な情報を追加することである。3 は情報が不足している。However, it's hard for me to move because the train is shaking a lot. などと補足するとよい。

Day 7

Do you think that more needs to be done to make cities in Japan more convenient for disabled people?

「日本の都市を障がいのある人たちのためにもっと便利にするためには，もっとやるべきことがあると思いますか」

Yes, I do. It's difficult for people with disabilities to move around in Japan. We need to install more elevators and other devices that allow people with disabilities to live more comfortably.

「はい，そう思います。障がいを抱えた人々が日本国内で動き回るのは大変です。より多くのエレベータや，障がいを抱えた人々がもっと快適に生活を送れるようなほかの装置を導入する必要があります」

No, I don't think so. A lot of things have been already done to make it easier for people with disabilities to get around their city. For example, schools and hospitals eliminated steps for people who use a wheelchair.

「いいえ，そうは思いません。障がいを抱えた人々が町を移動をしやすくするためにすでに多くの取り組みがなされてきました。例えば，学校や病院では車いすを利用している人のために段差を取り除きました」

No. More restaurants offer information whether they have accessible facilities on their websites.

「いいえ。利用可能な施設があるかどうかに関する情報をウェブサイトで提供するレストランが増えています」

ポイント

バリアフリー化は今や当たり前のものになりつつある。身近なものであるから，具体的な例を提示できるとよいだろう。1ではバリアフリー化の今後の改善点を述べたもので，エレベータの導入などについて触れている。2は実際のバリアフリー化について例を挙げている。3は例のみが提示されている印象を受けるので，People with disabilities can choose which place to go based on the kinds of facilities they provide. などを足すとよいだろう。

No. 3

Do you think that people in Japan are too tolerant of other people's behavior?

「日本の人々は他人の行動に寛容過ぎると思いますか」

解答例

1

これで
完璧!

Yes. In other countries, if children are behaving badly, for example, strangers will scold them. In Japan, most people are too shy to do this. As a result, children behave very selfishly in public.

「はい。例えばほかの国では，子どもが悪い行いをしていたら，見知らぬ人がその子たちを叱ります。日本では，ほとんどの人々が内気でそうすることができません。結果的に，公共の場で子どもたちは好き勝手に振る舞うのです」

2

これで
完璧!

No. Japanese people rarely say anything about others' behavior. Instead, they often show their disapproval by frowning at those misbehaving.

「いいえ。日本人は他人の振る舞いについてめったに何かを言ったりしません。その代わり，顔をしかめることでその行儀の悪さが気にくわないことを示すことがあります」

3

もう
ひと息

Yes. People in Japan don't like to get involved in any kinds of trouble.

「はい。日本の人々はどんな種類のトラブルにも巻き込まれたくないと思っています」

ポイント

国によって文化や習慣が異なるように，他人への接し方にも国や地域によって特徴が見られる。日本では，さまざまな理由で他人に干渉するのを避けようとする人もいる。1 のように，他国との比較をしてもよいし，2 のように思い付く日本人の特徴を示してもよい。3 では，That's why they aren't willing to say anything to others in public. などを追加すると解答が明確になる。

Day

7

85

No. 4 Should stricter laws be put in force to ban rude behavior?

「失礼な行動を禁止するようなより厳しい法律を施行すべきですか」

1

これで
完璧!

Yes, it should. By enforcing such laws, people would be more careful about their behavior. It would also make it easier for people to tell other people to behave properly.

「はい，そうすべきです。その法律を施行することで，人々は自分の行動により注意深くなるでしょう。また，人々が他人に適切な振る舞いをするよう言いやすくなるでしょう」

2

これで
完璧!

No, it shouldn't. It would be very difficult to enforce such laws because all people have rights to live their lives based on their will. The laws would violate their freedom.

「いいえ，そうすべきではありません。全ての人々は自分の意志に基づいて生活する権利があるので，そのような法律を施行するのは難しいでしょう。その法律は，人々の自由を侵害することになるでしょう」

3

もう
ひと息

Yes. The penalty could make people stop behaving badly.

「はい。罰則があれば，人々が悪い行いをするのをやめさせられるでしょう」

ポイント

法律によって人の行動を制限すれば，大きな問題が起きにくくなる可能性があるが，人の自由を奪うきっかけにもなりかねない。解答では，法律に関する専門的な知識は要求されないが，法律が人々の生活にどのような影響を与え得るのかという基本的な構造は知っておくべきであろう。3 は情報量が足りない。badly の後に although such laws would take away people's freedom and rights と続けると，デメリットについても理解していることを伝えられる。

You have **one minute** to prepare.

This is a story about a young couple who received some help with the care of their child.
You have **two minutes** to narrate the story.

Your story should begin with the following sentence:
One day, a couple was dropping their son off at the daycare center.

Questions

No. 1 Please look at the fourth picture. If you were the old man, what would you be thinking?

No. 2 Do you think that companies do enough to help workers who are raising children?

No. 3 Should grandparents take care of their grandchildren quite often?

No. 4 Should the government help increase the number of daycare centers?

問題のテーマ

現在では共働きの家庭が増え，子育てで祖父母に協力をあおぐケースが増えている。その原因は，両親が仕事で多忙であることや，保育園の定員を大きく上回る入園希望者がいることなど多岐にわたる。福祉に関するテーマは子育てや介護，医療だけでなく，定年制度や年金のあり方にも質問が及ぶことが考えられる。日々メディアで取り上げられる話題なだけに，しっかりと事前に準備をしておきたい。

● ナレーションの組み立て方

1 夫婦が子どもを保育園まで送り，女性が手を振って別れる場面である。男性が出勤時刻を気にして，時計を見ていることにも言及したい。

2 女性は仕事で忙しくしており，母親に子どもの保育園の迎えを電話で依頼していることを女性のせりふを使って描写する。母親が子どもの迎えを快諾した点にも触れておきたい。

3 保育園から孫を引き取った祖父母が地元の公園で孫と楽しそうに遊んでいる様子を描写する。祖母がブランコで孫を押していることや，祖父が飲み物を手にその様子を眺めていることも描写するとよい。

4 男の子がテレビを見ている一方で，祖母は眠っており，祖父は疲れ果てた様子でソファに腰かけているという様子を説明する。

One day, a couple was dropping their son off at the daycare center. ① The woman was waving goodbye to him. Her husband was sitting in the driver's seat and looking at his watch. ② That afternoon, the woman was busy at work. She called her mother and asked her to pick her son up from the daycare center. She told her it was OK. ③ Later that day, the child and his grandparents were enjoying themselves at a local park. The grandmother was pushing the child on the swing, while the grandfather was looking at them happily with drinks in his hands. ④ A few hours later, the child was watching TV at the grandparents' house. The grandmother was asleep on the floor and the grandfather was sitting exhausted on the sofa.

訳 ある日, 夫婦が息子を保育園で降ろしていました。① 女性は彼にさようならと手を振っていました。夫は運転席に座り, 時計を眺めていました。② その日の午後, 女性は仕事で忙しくしていました。彼女は母親に電話をかけ, 保育園に息子の迎えに行くよう頼みました。母親は彼女に承知したと言いました。③ その日の遅く, 子どもと祖父母は地元の公園で楽しんでいました。祖母はブランコでその子を押しており, 一方で祖父は飲み物を手に, 嬉しそうに2人を見ていました。④ 数時間後, 子どもは祖父母の家でテレビを観ていました。祖母は床で眠っており, 祖父はソファに疲れ果てて腰かけていました。

Please look at the fourth picture. If you were the old man, what would you be thinking?

「4番目のイラストを見てください。もしあなたが年配の男性だとしたら，何を考えているでしょうか」

解答例

1
これで
完璧!

I'd be thinking that I've become too old to look after my grandchild. Even just going to the park has left me exhausted. I wish his parents weren't so busy at work.

「歳を取り過ぎて自分の孫を世話できないと思っているでしょう。公園に行くだけでも疲れ果ててしまいました。彼の両親が仕事でそんなに忙しくなければいいのですが」

2
これで
完璧!

I'd be thinking that life is much harder than it used to be for people who have children. Because both parents work, they have to ask others to help with their children. Though I'm old, I feel I have to take responsibility for my grandchild.

「子どもをもつ人にとって生活は以前よりもとても大変になったと思っているでしょう。親は共働きをしているので，ほかの人に育児の手伝いをお願いしなければなりません。高齢ではあるけれども，孫の責任を負わなければならないと感じます」

3
もう
ひと息

I'd be thinking that it's tough to do childcare regularly.

「定期的に育児をするのは大変だと思っているでしょう」

ポイント

子どもの面倒を見ることを受け入れたものの，高齢であることから疲れ果ててしまったことを踏まえて解答する。1 も 2 も子育ての大変さに言及する解答であるが，単に「子育てが大変である」ということだけではなく，今後についての想いにも触れているので解答の内容が充実している。3 は定期的な育児は大変なので，今後についてどのような想いがあるのかを 1 や 2 と同様に述べるとよい。

Day

8

No. 2

Do you think that companies do enough to help workers who are raising children?

「企業は子どもを育てている従業員を支援するために十分な取り組みをしていると思いますか」

解答例

 1

これで完璧!

Yes, I do. Many companies allow employees with children to come late or leave early. Companies also give employees who have children parental leave in accordance with the law.

「はい。子どもがいる従業員には遅く出社することや早く帰宅することを許す企業も多いです。また法律に従って，企業は子どもがいる従業員には育児休暇を与えます」

 2

これで完璧!

No, I don't. Companies often give employees too much work to do and make them work late in the evening. The working parents find it difficult to make time for their children.

「いいえ。企業はよく従業員に大量の仕事を与えて，夜遅くまで働かせます。働いている親は子どものために時間を作り出すのが難しいと思っています」

 3

もうひと息

It's difficult for some people to ask their companies for parental leave due to their atmosphere.

「会社の雰囲気のせいで育児休暇を会社に頼みづらい人もいます」

ポイント

現在では育児のための休暇取得は一般的になっている。育児休暇中でなくとも，上司や同僚の理解と協力によって，仕事と子育ての両立をしやすくする取り組みをしている企業もある。③ はまず No. と主張を明示したうえで，The companies should encourage their employees to take childcare leave. などと意見を追加するとよいだろう。

No. 3 Should grandparents take care of their grandchildren quite often?

「祖父母はかなり頻繁に孫の世話をすべきですか」

解答例

1 これで完璧!

Yes, they should. It's good for elderly people to be a big part of their grandchildren's lives. Also, elderly people have a lot of wisdom that they can pass on to their grandchildren.

「はい，そうすべきです。高齢者が孫の生活の大部分を占めることは良いことです。また，高齢者は孫に授けることができる知恵をたくさんもっています」

2 これで完璧!

No, they shouldn't. Grandparents may not be very effective in taking care of their grandchildren due to the huge generation gap. Instead, they should be able to enjoy watching their grandchildren grow up without having to care for them directly.

「いいえ，そうすべきではありません。世代間のギャップが非常に大きいので，祖父母が孫の世話をするのはあまり効果的ではないかもしれません。その代わり，彼らが孫の面倒を直接みる必要なしに孫の成長を楽しんで見守ることができるようにすべきです」

Day 8

3 もうひと息

Yes. It's good to help the parents by taking care of their children.

「はい。子どもの世話をすることでその親を助けるのはよいことです」

ポイント

Yes/No の主張に応じて，しっかりとした理由や根拠を述べるようにしたい。1 では高齢の人々が知恵をもっていることを根拠に問いに対して肯定的な意見を述べ，2 では祖父母と孫の世代間のギャップを理由に挙げて否定的な意見を述べている。第3文で祖父母のあるべき姿を述べ，第2文を補足している。3 では，Children can have better experiences if more people are involved with raising them beside their parents. などを後続させることで改善される。

No. 4 Should the government help increase the number of daycare centers?

「政府は保育園の数を増やす手助けをすべきですか」

1

これで完璧!

Yes, I think so. More and more parents are working in Japan today and the demand for daycare centers is still very high. Daycare centers, especially in big cities, are worth increasing to assist the high number of working parents.

「はい，そう思います。今日の日本では，ますます多くの親が働いていて，保育園の需要がまだとても高いです。保育園は，特に大都市において，多くの働く親を支援するために増やす価値があります」

2

これで完璧!

No, I don't think so. The number of children born is decreasing year by year. Also, daycare centers offer enough spots to cover the demand in most cities around the country.

「いいえ，そうは思いません。新生児の数は年々減少しています。また，保育園は全国ほとんどの都市の需要を満たすのに十分な箇所が提供されています」

3

もうひと息

No, I don't think so. It would be difficult to find enough employees who can work at daycare centers if there are more of them.

「いいえ，そうは思いません。保育園の数が増えたら，そこで働くことができる従業員を十分に見つけることは難しいでしょう」

ポイント

保育園の受け入れ問題は大半の大都市においてまだ需要と供給に差がある。しかし保育園を増やしても，保育士不足という課題もあるために一筋縄ではいかない問題である。③ は，解答の方向性としてはよいが，文章量が足りない。The government should consider the way to build people's interest in working at daycare centers first. と付け足して問題に対する反対の理由を明確にするとよい。

You have **one minute** to prepare.

This is a story about a couple who moved to a large, new condominium.
You have **two minutes** to narrate the story.

Your story should begin with the following sentence:
One day, a couple was in their small, old apartment.

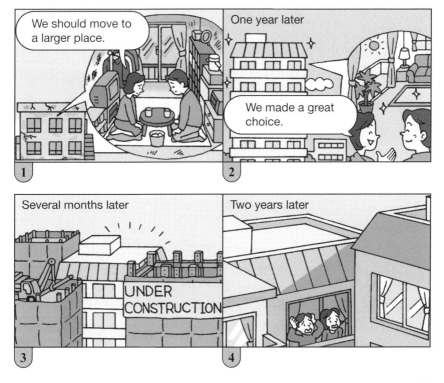

Questions

No. 1 Please look at the fourth picture. If you were the woman, what would you be thinking?

No. 2 Should there be stricter rules to prevent construction companies from building tall apartment buildings wherever they like?

No. 3 Do you think that living in a condominium is more comfortable than living in a house?

No. 4 Is the government doing enough to reduce the number of empty houses in the countryside?

問題のテーマ

ある夫婦が古いアパートを引き払って新しいマンションに引っ越すが，喜びもつかの間，しばらくすると周囲に高層マンションが立ち並び，入居当初の日当たりの良さが損なわれてしまう。ナレーションでは日当たりの問題について触れることになるが，これが Questions になると住居選択の問題や地方の空き家問題などに発展する。このような発展的な話題にも対処できるようあらかじめ社会問題について考えをまとめておくことが肝心。

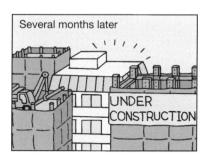

1 古いアパートとその一室の様子が描かれている。狭いアパートに夫婦が窮屈さを感じながら住んでいることを強調し，夫婦の心情を説明する。その上で，女性が広い部屋への引っ越しを望んでいることを述べる。

2 新しいマンションへ引っ越した夫婦。最上階に部屋があり，眺めや日当たりが良いという状況を強調しておくと，後のストーリー展開につなげやすくなる。女性のせりふにも言及する。マンションは mansion ではなく，condominium や apartment などと言う。

3 数カ月後，引っ越したマンションを囲むようにすぐ近くで建物が建ち始めた。建設中の建物が高いことに触れ，夫婦の新居に悪影響を及ぼす可能性を示唆するとよい。

4 2年後，新居を覆い隠すようにほかのマンションが建ってしまった。2コマ目で強調しておいた日当たりの良さが損なわれたことへの夫婦の心情を述べるのが妥当。

Day
9

One day, a couple was in their small, old apartment. ① The apartment was packed with their possessions. The couple was not happy and the woman said, "We should move to a larger place." ② One year later, they moved to a large condominium on the top floor of a new building. The apartment was very sunny and had a good view out over the town. The woman told her husband they had made a great choice. ③ Several months later, construction began on a number of new buildings very close to the couple's condominium. The new buildings were also very tall. ④ Two years later, the buildings were completed. The couple was disappointed to find that they no longer had a view from their living room window, and that most of the sunlight they enjoyed was blocked off by the tall building right next to theirs.

訳 ある日,夫婦が小さな古いアパートにいました。① アパートの部屋は彼らの持ち物でいっぱいでした。夫婦は（その状況に）満足しておらず,女性は「もっと広い所に引っ越した方がいい」と言いました。② 1年後,彼らは新築の大きなマンションの最上階に引っ越しました。その部屋は大変日当たりが良く,町をよく見渡せました。女性は夫に,私たちは素晴らしい所を選んだねと言いました。③ 数カ月後,夫婦の住むマンションのすぐ近くで数棟の新しい建物の建設が始まりました。それらの新しい建物も大変高さのあるものでした。④ 2年後,それらの建物は完成していました。もうリビングの窓からの眺望はなくなってしまい,満喫できる日光は自分たちのマンションのすぐ隣にある高い建物にほとんど遮られてしまっているため,夫婦はがっかりしていました。

解答例とポイント

No. 1

Please look at the fourth picture. If you were the woman, what would you be thinking?

「4番目のイラストを見てください。もしあなたがこの女性だとしたら，どんなことを考えているでしょうか」

解答例

1

I'd be thinking, "We should've checked before moving in whether other high-rise condominiums were going to be built near here. Even though it was smaller, our last apartment was much better."

「『引っ越してくる前に，ほかの高層マンションがこの近くに建つ予定があるかどうかチェックしておけばよかった。小さかったけれど，前のアパートの方がずっとよかった』と考えているでしょう」

2
これで
完璧!

I'd be thinking, "The local government shouldn't allow companies to build buildings so close together that they block other buildings' sunlight. The value of our condominium must have dropped dramatically."

「『ほかの建物の日照を遮るほど近接した建物を企業が建てることを，地方自治体は許すべきではない。私たちのマンションの価値は，急激に下がってしまったに違いない』と考えているでしょう」

3
もう
ひと息

I'd be thinking, "We shouldn't have bought this condominium."

「『こんなマンションなんて買わなければよかった』と考えているでしょう」

ポイント

マンションそのものへの不満，周囲の日照権を考えない建設会社や，厳しい建築制限を設けない地方自治体への苦情，あるいはよく調べずに引っ越した自分たちを責める文句を考えるとよい。③ は「どうしてこのマンションを買うべきでなかったか」などの情報を足すとよい。

Day
9

No. 2

Should there be stricter rules to prevent construction companies from building tall apartment buildings wherever they like?

「建設会社が高層マンションをどこでも建てたい所に建ててしまうことを未然に防ぐような，より厳格な規則があるべきですか」

解答例

1 これで完璧!

Yes. Tall buildings often block the view of the other buildings around them. This is unfair to the other residents and may lead to a decrease in the value of their properties.

「はい。しばしば，高いビルは周りにあるほかの建物の視界を遮ります。これはほかの住人には不当なことで，彼らが所有する不動産の価値の減少につながるかもしれません」

2 これで完璧!

No. I think construction companies have the right to build what they want within the law. Companies have to pursue profit and condominiums produce more profit than houses.

「いいえ。建設会社には法律の範囲内で建てたいものを建てる権利があると思います。会社は利潤を追求しなければならず，マンションは戸建ての家よりも多くの利益を生み出します」

3 もうひと息

I think they should think more carefully before deciding where to put up new buildings.

「建設会社は，どこに新しい建物を建てるかを決める前に，もっと慎重に考えるべきだと思います」

ポイント

1と2はともに，最初に賛成・反対のどちらの立場に立っているかを明確にした上で，その論拠を示した簡潔な解答である。「マンションの乱立は避けるべきだが，建設会社は反対するだろうし，より厳格な規則作りは難しいと思う」という中間論も可能。3は質問に対しての立場が不明確なので，まずは自分の立場をYes/Noで表明してからその論拠を述べるとよい。

No. 3
Do you think that living in a condominium is more comfortable than living in a house?

「マンションに住む方が戸建てよりも快適だと思いますか」

解答例

1
これで
完璧！

Yes. Condominiums are very comfortable because they have facilities such as a convenience store on their properties. Some condominiums even have managers who live on site to keep the residents safe and to maintain the public facilities for them.

「はい。マンションには敷地内にコンビニエンスストアのような施設があるのでとても快適です。住人の安全を維持し，住人のための公用施設を保全するために，住み込みの管理人までもいるマンションもあります」

2
これで
完璧！

No. It's more comfortable to live in a house, especially if you have children. Children can play safely in the yard and parents don't have to worry about the noise they make. You can also remodel the house in accordance with changes in family environment.

「いいえ。特に子どもがいるのであれば戸建てに住む方がより快適です。子どもは庭で安全に遊べて，親は子どもが立てる騒音を心配せずに済みます。家族環境の変化によって，家を改築することもできます」

3
もう
ひと息

I think living in a house is more comfortable because you have more privacy.

「私はプライバシーがより守られるので，戸建てに住む方が快適だと思います」

Day
9

ポイント

日常生活でよく話題にされる問題なだけに，論拠を考えつきやすい質問である。メリットやデメリットなど，なるべく多くの具体例を出すことで情報量を確保することができる。③は全体的な情報量が少ない。この後に，You can have more distance from your neighbors when you live in a house. など，プライバシーが守られる理由を付け足すとよい。

No. 4

Is the government doing enough to reduce the number of empty houses in the countryside?

「政府は地方の空き家の数を減少させるために十分に手を尽くしていますか」

解答例

1 これで完璧!

I think so. Some local governments offer empty houses to people in order to encourage them to live in the countryside. In addition, some empty houses are reused as cafés and museums to attract tourists.

「そう思います。地方自治体の中には，人々に地方に住んでもらうために，空き家を提供するところもあります。加えて，観光客を引きつけるためにカフェや美術館として再利用されている空き家もあります」

2 これで完璧!

Not really. The number of empty houses has rapidly increased especially in the countryside. Local governments should tear down the empty houses in case they collapse due to disasters in advance.

「あまりそうは思いません。空き家の数は特に地方では急速に増えています。災害による倒壊に備えて，地方自治体はそれら空き家を事前に取り壊した方がよいと思います」

3 もうひと息

I think local governments should make room for new buildings.

「地方自治体は新しい建物のために敷地を空けるべきだと思います」

ポイント

人口減によって家が余ることで，空き家の増加が社会問題となっている。人口問題だけでなく，家屋の老朽化や耐震をはじめとする災害対策とも関連付けられるテーマである。メディアなどでこのような社会問題に触れたときには，さらに情報を得るよう心がけたい。③は，まず質問に対して Yes/No を明確にし，空いた敷地を活用する手段に触れるなどして，提示した意見がどのように質問の主旨と関連しているのかについても言及したい。

Day 10

You have **one minute** to prepare.

This is a story about a woman's volunteering campaign to clean up a pond.
You have **two minutes** to narrate the story.

Your story should begin with the following sentence:
One day, a woman went for a walk at her local pond.

Questions

No. 1
Please look at the fourth picture. If you were the woman, what would you be thinking?

No. 2
Do you think that young people today should take more of an interest in volunteering?

No. 3
Do you think that Japanese people in modern society are less cooperative than people in the past?

No. 4
Should the government take more responsibility for environmental preservation?

問題のテーマ

ボランティア活動がテーマ。市民が近くの池の状況を見て，捨てられたごみの一掃にボランティアと協力しながら取り組むが，1年後に池が再び汚れてしまっているという内容である。地域の運動をはじめとした人々の協調を扱った問題は，Questionsにおいて，政治問題，社会問題，環境問題など幅広い設定の出題が考えられる。地域社会の一員として，社会に貢献する方法は枚挙にいとまがない。事前の十分な準備を行い，応用的なテーマにも対応できるようにしたい。

1 まず，池にごみが捨てられている状況を描写する。鳥に×印がついている吹き出しも活用すること。女性の表情から，池の状況を苦々しく思っていることにも言及する。

2 女性がチラシを配っていることを描写するが，それだけでは不十分。何のためにそれをしているのか，チラシの内容も説明する必要がある。

3 女性がほかのボランティアの人々と池を清掃していることを説明する。追加として特定の登場人物，特に主人公となる人物が何をしているのかを具体的に描写するとよい。

4 1年後に再び池が汚れている様子を説明する。

Day

10

One day, a woman went for a walk at her local pond. ① She was surprised to see a lot of garbage floating in it. She also could not find any birds in the pond, which made her unhappy. ② A week later, the woman began a campaign to save the pond. She gave out leaflets to people on the street. The leaflets asked people to help clean up the pond so that the birds would come back. ③ A month later, a lot of volunteers met at the pond. They cleaned up the garbage that was in there. The woman pulled an abandoned old bicycle out of the pond. ④ A year later, the pond was dirty with some messy garbage again.

訳 ある日，女性が近くの池に散歩に出かけました。① 彼女はたくさんのごみが池に浮いているのを見て驚きました。また，池にはまったく鳥がいなくて，がっかりしました。② 1週間後，その女性は池を守る運動を始めました。彼女は通りの人々にチラシを配布しました。チラシは人々に，鳥が戻ってくるように池の掃除の手伝いを求めるものでした。③ 1カ月後，多くのボランティアが池に集まりました。彼らは池のごみを掃除しました。女性は池から捨てられた古い自転車を引っ張りあげました。④ 1年後，池は散らかったごみで再び汚れていました。

No. 1

Please look at the fourth picture. If you were the woman, what would you be thinking?

「4番目のイラストを見てください。もしあなたがこの女性だとしたら，どんなことを考えているでしょうか」

解答例

1
これで完璧!

I'd be thinking that I'd call for volunteers again to clean up the pond. However, busy people would have no time to participate in this campaign and they would have to focus on their own lives and work.

「池の清掃のために再びボランティアを募集しようと考えているでしょう。しかし，忙しい人々はこの運動に参加する時間もなく，自分の生活や仕事に集中しなければならならないでしょう」

2
これで完璧!

I'd be upset that the pond was dirty though I had cleaned it up with other volunteers a year ago. I'd have to start another campaign immediately. Also, I'd report the issue to an official at the city hall.

「1年前にほかのボランティアたちとともにきれいに掃除したにもかかわらず，池が汚れていることに怒りを感じているでしょう。ただちに別の運動を始めないといけないでしょう。さらに市役所の職員に問題を報告するでしょう」

3
もうひと息

I'd be wondering if anyone would take part in another campaign again.

「もう一度運動をして誰か参加してくれるかしらと考えているでしょう」

ポイント

1 は池を保全するためにできることを提示しつつも，ボランティアに参加できない人の事情を推し量っている。2 はいら立ちを表しながらも，池の状況を改善する手段を提示している。3 はそのためにどうすればよいかまで踏み込んで説明するとよい解答になる。

Day
10

No. 2 Do you think that young people today should take more of an interest in volunteering?

「最近の若者はもっとボランティアに興味を持った方がよいと思いますか」

1 これで完璧!

Yes. Many young people today aren't interested in volunteering and don't pay attention to what is happening around them. I think it's irresponsible if they have convinced themselves that someone else should solve the issue.

「はい。最近の多くの若者はボランティアに興味を持たず,自分の周りで起こっていることに注意を払っていません。もし誰かが問題を解決してくれると思いこんでいるならば,それは無責任だと思います」

2 これで完璧!

No. Volunteering isn't an obligation. Only those interested in volunteering should take part in the campaigns and enjoy donating their time.

「いいえ。ボランティアは義務ではありません。ボランティアに興味がある人々だけが運動に参加し,自分たちの時間を提供して楽しむべきです」

3 もうひと息

Yes. More young people should be engaged in volunteering.

「はい。より多くの若者がボランティアに従事すべきです」

ポイント

1 と 2 はともに,まず立場を明らかにした上で,そう思う理由について的確に述べている。また,最後に意見を追加することで,文章量だけでなく内容面でも充実した解答になっている。3 は,Yes. の立場を表明し,質問の内容を言い換えているだけなので,There are many organizations in the world that need people's help to solve various issues. などと理由を挿入するとよい。

No. 3

Do you think that Japanese people in modern society are less cooperative than people in the past?

「現代社会の日本人は，昔に比べて，協力的でないと思いますか」

1

これで
完璧！

Yes. I think that many young people are behaving selfishly. Some of them don't think of others enough. For example, some young people pretend not to notice those who are in trouble on the street.

「はい。多くの若い人々は利己的に振る舞っています。中には十分に人のことを考えていない人もいます。例えば，最近の日本の若者には，通りで困っている人に気が付かないふりをしたりする人もいます」

2

これで
完璧！

No. I think that people in Japan are as highly cooperative as before. Many people today can quickly solve the questions posted on the Internet, and this shows how much they can cooperate with each other.

「いいえ。以前と変わらず，日本人はとても協力的だと思います。今日，多くの人々がインターネット上に投稿された疑問を速やかに解決でき，これはお互いにどれだけ協力できるかを示しています」

3

もう
ひと息

Yes. Japanese people today reject cooperation with others.

「はい。最近の日本人は他人との協力を拒絶しています」

Day

10

ポイント

「日本人は冷たくなった」や「協力的ではなくなった」と言われることがある。しかしながら，②に挙げたように，人助けをする方法も多様化し，街中だけでなく，インターネットで人と人が協力をし合う場面も増えてきた。③は根拠が伝わらず，質問を言い換えただけの印象を受ける。They are too busy to spare some time for other people. などと理由を付け加えるか，①のように具体例を提示すればよい。

Should the government take more responsibility for environmental preservation?

「政府は環境保護にもっと責任を負うべきですか」

解答例

1
これで
完璧！

Yes. The environment supplies our basic needs such as food and water. If we continue to destroy it, we risk not being able to sustain our lives. The government must act now to prevent more damage to it.

「はい。食糧や水など，環境は私たちの基本的なニーズを満たしてくれています。私たちが環境を破壊し続けると，私たちの命を維持できなくなってしまう恐れがあります。政府は，環境へのさらなる被害を防ぐために直ちに行動するべきです」

2
これで
完璧！

No. At the moment, local residents should make more effort to preserve the environment by having each resident take responsibility. It's necessary for them to avoid doing anything that damages the environment.

「いいえ。現時点では，地域住民それぞれに責任を負わせることによって，環境保全のための努力をさらにすべきです。彼らは環境を破壊するあらゆることをしないようにする必要があります」

3
もう
ひと息

Yes. If we destroy the environment, then someday, we won't be able to live on earth anymore.

「はい。もし私たちが環境を破壊すると，いつの日か，これ以上地球上に生きることができなくなるでしょう」

ポイント

環境保護は身近なテーマだけに頻出である。環境と言っても，切り口は植物，動物，食糧，水，気候など多岐にわたる。解答に困らないように事前に類似の話題に触れておくとよい。1は環境保護のために政府の関与を促す意見，2は政府ではなく個人で環境保全を行うべきという意見だが，質問に沿った解答ができていればよい。いずれにせよ，根拠を添えて解答することを心がける必要がある。3は1のように「政府が〜をすべきだ」と付け足すと改善される。

Day 11

You have **one minute** to prepare.

This is a story about a man who wanted to reduce the amount of plastic he used.
You have **two minutes** to narrate the story.

Your story should begin with the following sentence:
One day, a man was drinking coffee out of a plastic cup in a park.

Questions

No. 1 Please look at the fourth picture. If you were the man, what would you be thinking?

No. 2 Should people reduce the amount of wrapping when they buy gifts for others?

No. 3 Do you think young people today prefer sharing things to buying them?

No. 4 Do you think that the government should impose an environmental tax to reduce the amount of garbage?

問題のテーマ

ごみがテーマ。最近では，世界中の企業や人々がさまざまな活動を通して，ごみの量を減らそうと努力しているが，国や地域ごとの対応なども異なるため，ごみの排出量が減少しているとは言い難い。Questionsでは，環境関連のテーマが幅広く問われる可能性がある。ごみ問題のほか，温暖化ガスの排出，エネルギー関連などの問題について日ごろから考えておくとよい。

1 コーヒーを飲み終えた男性が，カップを捨てようとした際に，ごみ箱がプラスチックカップでいっぱいになっていることを描写する。その後，プラスチックカップの利用はやめるべきかもしれないという男性のせりふを続ける。

2 男性がコーヒー店で再利用できるカップが売られているのを目にし，購入しようとする様子を伝える。別の女性も同様に，再利用できるカップを手にしていることにも言及したい。

3 1カ月後に男性がカップを使用していると，カップの側面がひび割れており，コーヒーが漏れ出ていることに気付く様子を描写する。男性の慌てている様子に言及してもよい。

4 まず，ひびが入ってしまったカップを仕方なく捨てようとしていることを描写する。その後，破損した再利用できるカップでごみ箱がいっぱいになっている状況を説明しよう。

Day

11

One day, a man was drinking coffee out of a plastic cup in a park. ① After finishing his coffee, he noticed that the trashcan was full of plastic cups. He said, "Maybe I should stop using plastic cups." ② The next day at a coffee shop, he found that the coffee shop was selling reusable cups. He decided to buy one and use it instead of a disposable cup. Other customers also seemed interested in the cups. ③ A month later, after he left the coffee shop, he noticed coffee coming out of the side of his cup. He found it had a crack in it. ④ He tried to throw his cup away in the trashcan outside the coffee shop. However, he looked inside the trashcan and was surprised to see that it was full of reusable cups like his.

訳 ある日，男性が公園でプラスチックカップに入ったコーヒーを飲んでいました。① 彼はコーヒーを飲み終えた後，ごみ箱がプラスチックカップでいっぱいであることに気が付きました。彼は「プラスチックカップの利用はやめるべきかもしれない」と言いました。② 次の日コーヒー店で，彼は再利用できるカップが売られているのを見つけました。彼は１つ購入し，使い捨てカップの代わりにそれを使おうと決めました。ほかの客もそのカップに興味をもっているようでした。③ １カ月後，彼はコーヒー店を出たあと，自分のカップの側面からコーヒーが出てきていることに気が付きました。彼はカップにひび割れがあるのを見つけました。④ 彼はコーヒー店の外にあるごみ箱に自分のカップを捨てようとしました。しかし，彼はごみ箱の中を見て，自分のカップのような再利用できるカップでいっぱいであることに驚きました。

Please look at the fourth picture. If you were the man, what would you be thinking?

「4番目のイラストを見てください。もしあなたがこの男性だとしたら，どんなことを考えているでしょうか」

解答例

1

I'd be thinking that using a reusable cup does not prevent plastic from getting into the environment. It would be better to use paper cups because they don't harm the environment as much.

「再利用できるカップを使っても，プラスチックが環境に流入することは防ぐことができないと思っているでしょう。少なくとも紙はそれほど環境に害を与えないので，紙のカップを使えばよりよいでしょう」

2

I'd be thinking that, although we're still creating plastic garbage, the amount is lower than before. The important thing is for people to be aware of the effect on the environment and to try to make the impact smaller.

「私たちはプラスチックごみをいまだに排出しているが，その量は以前より少なくなっていると思っているでしょう。大事なのは人々が環境への影響に気付くことであり，そしてその影響を小さくしようと努めることでしょう」

3

I'd be thinking that the amount of garbage would increase if reusable cups are fragile.

「再利用できるカップが壊れやすいと，ごみの量が増えるのではないかと思っているでしょう」

ポイント

1 で述べているように，再利用できるカップが必ずしも環境保全に役立つとは言い切れない。ただ，2 で述べるように，以前に比べて，環境への配慮をする人が増えたことは事実である。3 では Coffee shops should offer reusable cups that are more durable. と付け加えることで改善される。

Day
11

No. 2 Should people reduce the amount of wrapping when they buy gifts for others?

「ほかの人にプレゼントを買う際に，包装の量を減らすべきですか」

1
これで
完璧!

Yes, they should. When we receive gifts from people, a lot of cardboard and paper are used in the wrapping. People always feel that this is such a waste of precious resources.

「はい，そうするべきです。人からプレゼントをもらうときにたくさんの段ボールや紙が包装に使われています。人々はこれは大切な資源の大変な無駄だといつも感じています」

2
これで
完璧!

No, they shouldn't. We show our respect by giving the gifts wrapped carefully. This is an important part of Japanese culture.

「いいえ，そうすべきではありません。私たちはていねいに包装されているプレゼントを贈ることで敬意を表します。これは日本文化の大切な一部なのです」

3
もう
ひと息

No, they shouldn't. Gifts without any wrapping might give people a bad impression.

「いいえ，そうすべきではありません。包装のないプレゼントは人に悪い印象を与えることがあります」

ポイント

過剰包装については多様な意見があるが，質問に対する是非とそれをサポートするような理由や例をしっかりと挙げておきたい。①は過剰な包装によって資源が無駄になっていることを指摘し，②は視点を変えて，包装にも役割があることを指摘している。③は Some Japanese put their focus on the appearances of the gifts as well as the content when they send something. のような例を追加するとよいだろう。

No.3 Do you think young people today prefer sharing things to buying them?

「最近の若い人々は物を買うよりも共有することを好むと思いますか」

1

これで
完璧！

Yes. Young people are buying fewer things than they used to. There are some websites that help people lend things to other people who need them. In that way, people don't have to keep so many things in their homes.

「はい。若い人は以前より物を買わなくなっています。人々が物を必要とする他人にそれらを貸す手助けをするウェブサイトも幾つかあります。そうすると，人々は家にあまり多くの物を置かずに済みます」

2

これで
完璧！

No. Young people still prefer buying things often. They are very interested in buying items like smartphones or fashion accessories. Many people feel satisfied to have things like these just for themselves.

「いいえ。若い人たちはいまだによく物を買うことを好みます。彼らはスマートフォンやアクセサリーのような物を買うことにとても興味があります。多くの人々はこのような物を自分のためだけに所有することに満足しています」

3

もう
ひと息

Yes. Many young people today prefer sharing expensive things like cars to buying them.

「はい。最近の多くの若い人は車のような高価な物を買うより共有することを好みます」

Day
11

ポイント

現在では物を「買う」以外に「共有する」という選択もできるようになった。それぞれにメリットとデメリットが存在するので，事前に把握しておこう。③は，内容が不足しているので，Because they want to save their time and money for maintenance, they rent cars only when needed. と物を長く所有することから必要なときだけ物を借りるようになったという行動の変化に触れるなどして，主張を明確にしたい。

No. 4

Do you think that the government should impose an environmental tax to reduce the amount of garbage?

「政府はごみの量を減らすために環境税を課すべきだと思いますか」

1 これで完璧!

Yes. Burning or burying garbage costs a lot of money and it does a lot of harm to the environment. The government should charge people a tax on the garbage they produce both to cover the cost of handling it and to encourage people to reduce the amount.

「はい。ごみを燃やすことや埋めることでたくさんのお金がかかりますし,環境にとても有害です。政府はごみを処理する費用を賄い,人々に(ごみの)量を減らすよう働きかけるために,人々が排出するごみに税をかけるべきです」

2 これで完璧!

No. People produce garbage because they consume goods. The government should focus on encouraging companies to use materials that are less harmful to the environment, instead of encouraging people to reduce the amount of garbage by imposing an environmental tax on it.

「いいえ。人々が品物を消費するのでごみは出ます。政府はごみに環境税を課してごみの量を減らすよう人々に働きかける代わりに,企業に対して環境にあまり有害ではない素材を使用するよう働きかけることに専念するべきです」

3 もうひと息

No. There is already a consumption tax in Japan.
「いいえ。日本にはすでに消費税があります」

税金に関する質問はテーマを問わず幅広い分野に関連するので,日ごろから情報収集を行い十分な準備をしておきたい。1 は税の使い道を含めて説明できており,2 では税の徴収にとって代わる案が示されている。3 は The more goods people consume, the higher amount of garbage they produce. The government should use the consumption tax to handle the garbage. などと付け加えるとよい。

You have **one minute** to prepare.

This is a story about a woman who changed her style of working.
You have **two minutes** to narrate the story.

Your story should begin with the following sentence:
One day, a woman was talking with a friend in a coffee shop.

Questions

No. 1 Please look at the fourth picture. If you were the woman, what would you be thinking?

No. 2 Should companies ban overtime work?

No. 3 Do you think that it's a good idea to work freelance?

No. 4 Should companies raise the age of retirement?

問題のテーマ

女性がフレックスタイム制を利用して働くストーリー。自由な時間に働くことで，趣味に時間を充てることができるようになったが，その結果，今までどおり仕事をする体力が残っておらず，疲弊してしまったことが描かれている。質問では，フレックスタイム制だけでなく在宅勤務，フリーランス，海外勤務，そしてワークライフバランスなど，仕事に関して幅広い内容が問われる可能性がある。

1 女性が友人に「ヨガ教室に通いたいがなかなか時間が取れない」ことを話している様子を説明する。それを聞いた友人の表情から気の毒に感じていることも描写するとよい。

2 フレックスタイム制度が導入されたことをまず説明する。その後，イラストを参考に午前11時までであればいつ出社してもよいことや，週40時間の勤務が必要であることを述べる。さらに掲示を見た女性の様子を説明してもよいだろう。

3 フレックスタイム制度を利用し，女性が朝のヨガ教室に通っていることを描写しよう。教室の様子や女性の満足している様子も述べる。

4 夜になって女性が眠気を我慢しながら仕事をしていることを述べる。イラストから，まだたくさんの仕事が残っており，すぐには帰宅できない様子も説明するとよい。

Day

12

121

One day, a woman was talking with a friend in a coffee shop. ⒈ She said that she wanted to join a yoga class, but she didn't have enough time. Her friend was feeling sorry for her. ⒉ A month later, her company announced that it was introducing a flexible time system. Employees could come to work anytime before 11 a.m., but they still had to work for 40 hours a week. The woman was very happy. ⒊ A week later, the woman was taking a yoga class at 8:00 a.m. before going to work. Several people were taking the class with her. She was enjoying the class a lot. ⒋ Later that night, she was at her office and she was exhausted. She was feeling sleepy at 6:00 p.m., but she still had a lot of things to do.

訳 ある日，コーヒー店で女性が友人と話していました。⒈ 彼女はヨガ教室に参加したいのに，十分な時間がないと言いました。友人は彼女に対して気の毒に感じていました。⒉ 1カ月後，彼女の会社からフレックスタイム制度を導入するとの発表がありました。従業員は，午前11時までならいつ職場へ来てもよいのですが，それでも週40時間働く必要がありました。女性はとても喜びました。⒊ 1週間後，女性は会社へ行く前の午前8時にヨガ教室を受講していました。教室には彼女と一緒に受講する複数の人がいました。彼女はヨガ教室をとても楽しんでいました。⒋ その日の遅く，彼女は職場におり，疲れ果てていました。午後6時になって，彼女は眠気を感じていましたが，まだやらなければならないことがたくさんありました。

No. 1

Please look at the fourth picture. If you were the woman, what would you be thinking?

「4番目のイラストを見てください。もしあなたがこの女性だとしたら，どんなことを考えているでしょうか」

解答例

1
これで完璧！

I'd be thinking that it's difficult to balance work and my hobby. I still have to work 40 hours a week at least, so if I work fewer hours today, I have to work more on another day.

「仕事と趣味のバランスをとるのは難しいと考えているでしょう。私はいまだに週に最低でも40時間は仕事をしなくてはならないので，今日短時間しか働かなかったら，別の日にもっと働かなくてはいけません」

2
これで完璧！

I'd be thinking that I should attend fewer yoga classes. I need to put my work first and my hobby second. Then, I can get more rest and also enjoy yoga more each time I go to class.

「ヨガ教室への参加を減らすべきだと考えているでしょう。仕事を最優先し，趣味はその次にする必要があります。そうすれば，もっと休息が取れて，ヨガ教室へ行くたびにもっと楽しむことができます」

3
もうひと息

I'd be thinking that it's hard to work late.
「遅くまで働くのは大変だと考えているでしょう」

Day

12

ポイント

フレックスタイム制度によって，仕事と趣味のバランスが取れなくなってしまった心境を解答する。 1 ではフレックスタイム制度が導入されても仕事量が変わらない現実について述べ， 2 では趣味に充てる時間を減らすことで仕事との両立をすべきという意見が述べられている。 3 は I need to take short yoga programs to save my energy for work. などを追加すると，内容を補足できるだけでなく文章量も改善されるだろう。

No. 2

Should companies ban overtime work?

「会社は残業を禁止すべきですか」

1
これで
完璧!

Yes, they should. This allows people more time to spend with their families or friends. People shouldn't spend too much of their time at the company, and should have a life outside of work.

「はい，そうすべきです。こうすることで人々が家族や友だちと過ごす時間が増えます。人々は会社で時間を過ごし過ぎるのではなく，仕事以外の生活も送るべきです」

2
これで
完璧!

No, they shouldn't. In order to make more profit, many companies need their employees to do extra work. The important thing is to pay them for their extra work. If people get overtime pay, they'll be motivated to work longer.

「いいえ，そうすべきではありません。より多くの利益を上げるために，多くの企業は従業員に残業をさせる必要があります。重要なことは，彼らに残業代を支払うことです。もし人々が残業代をもらえたら，より長時間働く動機付けになるでしょう」

3
もう
ひと息

Yes, they should. If overtime is banned, people have the opportunity to work for other companies.

「はい，そうすべきです。残業を禁止したら，人々はほかの会社のために働く機会をもてます」

ポイント

シンプルな質問であるだけに多様な解答ができる。1 では残業を禁止することで仕事と生活のバランスが取れるようになることを論拠とし，2 では残業を禁止すると会社の収益が上がらないとした上で，社員のモチベーションのために残業代を支払うべきと補足している。3 は残業を禁止することで，副業に従事することができるようになると述べているが，to earn more money や to expand their perspectives など，その目的もあわせて説明すると改善される。

No. 3 Do you think that it's a good idea to work freelance?

「フリーランスで働くことは良い考えだと思いますか」

1

これで
完璧!

Yes. When you work freelance, you can decide how much you want to work. Also, you don't have to deal with all the human relationships that may be complicated and make your life difficult in a company.

「はい。フリーランスで働けば，どのくらい働きたいのかを自分で決めることができます。また，複雑で会社での生活を困難にするかもしれない人間関係全てに対処する必要がなくなります」

2

これで
完璧!

No. It sounds nice, but the truth is that you have no financial security and so you can't tell when you're going to have enough income. It may be all right for people who are single, but if you have children, you need the security of working for a company.

「いいえ。よさそうですが，実際には，経済的な安定がないので，いつ十分な収入が得られるのかが分かりません。独身の人であればよいのかもしれませんが，子どもがいれば，会社で働くという安定が必要となります」

3

もう
ひと息

Yes. Working as a freelancer can lead to opportunities to improve their skills.

「はい。フリーランサーとして働くことで技術を向上させる機会を得られます」

ポイント

フリーランスは個人的に企業などから仕事を引き受けて，報酬をもらう労働形態である。 ① のように働く量や時間を自分で決めることができるメリットがあるが，② のように安定した収入を皆が得られるわけではないというデメリットもある。③ は単に文章量が少ないので，As a result, freelancers can get better jobs which require expertise and higher skills. のように，具体例を足すと解答の質が上がる。

Day

12

Should companies raise the age of retirement?

「会社は定年退職の年齢を引き上げるべきですか」

解答例

1

これで
完璧!

Yes, I think so. Older people today are much healthier than they used to be and many of them want to continue to work. Also, they have a lot of knowledge and experience and it's a loss if companies don't keep them.

「はい，そう思います。現代の年配の人々は以前よりもずっと健康的で，その多くが仕事を続けたいと望んでいます。また，その人たちはたくさんの知識と経験を持っており，会社がそれらを保持し続けないとなると，損失になります」

2

これで
完璧!

No, I don't think so. People age differently, and while some people are fine working in their late 60s, others find it difficult. Also, it takes away opportunities for younger people to be promoted if old people don't retire.

「いいえ，そうは思いません。人々は異なった歳の取り方をし，60代後半になっても元気に働く人がいる一方で，それが難しい人もいます。また，年配の人々が退職しないのであれば，若い人が昇進する機会を奪うことにもなります」

3

もう
ひと息

Yes. The age people can receive their pensions is being raised gradually.

「はい。年金の受給年齢が次第に引き上げられています」

ポイント

1 に見るように現代の60代はひと昔前とは大きく異なり，元気で働ける人も多い。しかしながら，2 で見るように年配の人々の定年が延長される分，若者の労働機会の喪失や昇格にも影響が出ることが考えられる。3 は，年金受給年齢の引き上げに触れたものであるが，質問とより直接的に関連付けるために，Accordingly, the company should let people work until they can receive their pensions. のように定年年齢を引き上げる論拠を示すとよい。

You have **one minute** to prepare.

This is a story about some schoolchildren who visited a retirement home.
You have **two minutes** to narrate the story.

Your story should begin with the following sentence:
One day, a school teacher was taking a walk in her town.

Questions

No. 1 Please look at the fourth picture. If you were the teacher, what would you be thinking?

No. 2 Do you think that it's better for people to live with their children when they get old?

No. 3 Should society provide free retirement homes for the elderly?

No. 4 Do you think that schools in Japan do enough to foster the communicative ability of children?

問題のテーマ

学校行事の一環で，子どもたちが高齢者との交流の場を持つという内容。ナレーションでは，教師である女性を軸にストーリーが展開するため，教育的なテーマの1つと考えることができるが，Questions では高齢社会のさまざまな問題や核家族問題などに発展する可能性がある。さらに，コミュニケーション能力の養成という，最近ニュースなどでよく話題に上るトピックでの出題にも備えておきたい。

● ナレーションの組み立て方

1 「教師は掲示板を見た」→「掲示板には〜と書いてあった」→「情報を書き留めた」という順に流れを作る。掲示板の内容はイラストの表現を利用する。call for 〜 で「〜を募集する」。

2 「教師が老人ホーム訪問について話した」→「生徒は乗り気だった」→「生徒の提案を黒板に書き留めた」という流れで簡潔にイラストを描写する。黒板の文字を参照し、どんな提案があったかを述べてもよい。

3 まずは生徒たちが教師と一緒に老人ホームを訪問したことを述べ、イラストに描かれている活動を描写する。The students enjoyed meeting with the people there. For example, ... のように活動の一部を紹介する程度でもよい。楽しそうな雰囲気にも触れたい。

4 生徒たちが騒ぎ、お年寄りが疲れ始めてしまったという状況を説明する。教師が生徒たちを落ち着かせようとしていたと付け加えてナレーションを終える。

One day, a school teacher was taking a walk in her town. ① She happened to see a notice on a notice board. It called for volunteers to visit a local retirement home. The teacher was interested, so she wrote down the details in her notebook. ② A few days later, the teacher asked her students if they would like to visit the retirement home. They were enthusiastic, and she wrote down a list of activities that they could do on the board. ③ Two weeks later, the teacher went with the students to the retirement home. Some students played cards with a group of elderly women, and others listened to a man and a woman talk about the old days. The students and the people in the retirement home all enjoyed their time together. ④ Two hours later, the students were making noise and the elderly people were getting tired. The teacher was trying to make the students calm down.

訳 ある日，教師が町を散歩していました。① 彼女は掲示板の掲示にふと目を留めました。その掲示では，地元の老人ホームを訪問するボランティアを募集していました。教師は興味を持ち，ノートに詳細をメモしました。② 数日後，教師は生徒たちに老人ホームに行きたいか尋ねました。生徒たちは乗り気で，彼女は自分たちができるであろう活動の一覧を黒板に書き出しました。③ 2週間後，教師は生徒たちと老人ホームに行きました。お年寄りの女性のグループとトランプをして遊ぶ生徒もいましたし，ある男性と女性が昔の話をするのを聞く生徒もいました。生徒たちと老人ホームの人々はみんな一緒に楽しい時間を過ごしました。④ 2時間後，生徒たちは騒いでいて，お年寄りは疲れ始めていました。教師は生徒たちを落ち着かせようとしていました。

No.
1

Please look at the fourth picture. If you were the teacher, what would you be thinking?

「4番目のイラストを見てください。もしあなたが教師だとしたら，どんなことを考えているでしょうか」

解答例

1
これで
完璧！

I'd be thinking that the elderly people must be exhausted from playing with the students for hours. I'd have to make the students calm down and go back to school.

「お年寄りたちは数時間生徒たちと遊んで，疲れているに違いないと思っているでしょう。生徒たちを落ち着かせて学校に戻らせなければなりません」

2
これで
完璧！

I'd be thinking that the elderly people as well as the students had fun. However, I should've told the students not to be too loud in advance.

「生徒たちだけでなく，お年寄りも楽しんでいたと思っているでしょう。でも，生徒たちには事前に騒ぎ過ぎないように言っておくべきでした」

3
もう
ひと息

I'd be thinking that I regret taking the students to the retirement home.

「生徒たちを老人ホームへ連れてきたことを後悔していると思っているでしょう」

ポイント

高齢者たちは和やかな表情で会を楽しんでいたが，最終的には疲れ果ててしまった状況から，1 のようにこれ以上お年寄りに迷惑をかけないために，早く学校に戻るなど，これからどうするべきかについて，または 2 のように教師が事前に何をすればよかったのかについて答えるとよい。3 は情報量が少ない。例えば，I must come up with other volunteer activities for the students to join next time. などの情報を追加するとよいだろう。

Day
13

131

No. 2
Do you think that it's better for people to live with their children when they get old?

「人は歳をとったら自分の子どもと一緒に暮らした方がよいと思いますか」

1
これで
完璧!

Yes. I think it's a more natural environment than being put in an institution. Elderly people can feel safe and enjoy more conversations with their children than with staff at a retirement home.

「はい。その方が施設に入れられてしまうよりも，より自然な状態だと思います。高齢者は安心感を得ることができますし，老人ホームの職員よりも自分の子どもとの方がより多くの会話を楽しむことができます」

2
これで
完璧!

It depends. Not all senior citizens want to live with their children. Also, many young couples today both work, so they can't look after their elderly parents.

「状況によります。全ての高齢者が子どもとの同居を望んでいるわけではありません。それに，現在は若い共働きカップルも多く，老いた親の世話ができません」

3
もう
ひと息

Yes. Parents feel happier when they're living with their own children.

「はい。親は自分の子どもと暮らしているときの方が幸せなのです」

ポイント

老後の生活のあり方についての質問。「老老介護」といった介護関連の問題に普段から注目しておこう。2 は内容からすると，No. で始めてもよい。しかし，論調を和らげ，さまざまな状況を認識して意見を述べていることをアピールするために It depends. としている。3 は情報量が不足している。1 のような関連のある事柄を追加するとよい。

No. 3 Should society provide free retirement homes for the elderly?

「社会は高齢者に無償の老人ホームを提供すべきですか」

解答例

1

これで
完璧!

Yes. There are more and more cases where the elderly living on their pensions have to give care to their elderly spouses in their houses today. Society should take measures to help with their nursing.

「はい。今日，年金暮らしの高齢者が自宅で老齢の配偶者を介護しなければならない事例が次第に増えています。社会はそういった人たちによる介護を手助けするよう対策を講じるべきです」

2

これで
完璧!

I don't think so. With the number of young people decreasing so rapidly, society won't be able to afford free accommodations for all the elderly.

「そうは思いません。若者の数が急激に減少している状況では，社会が高齢者全員に無償の施設を与える余裕はないでしょう」

3

もう
ひと息

Yes. Many elderly people can't afford to stay at retirement homes.

「はい。多くの高齢者は老人ホームに入居する金銭的な余裕がありません」

ポイント

全員が安心して老後を送ることを考えるのであれば，無償の老人ホームの提供は理想的だ。年金暮らしの老老介護の負担を減らすべきだと考えれば ① のような答えになるし，昨今の少子化や経済状況を勘案すれば ② のような答えになるだろう。③ は，「老人ホームに入居することを希望する高齢者やその家族は多いが，金銭的な理由から入居できず，困っている人も多い」など，より具体的に説明するとよい。

Day
13

No. **4** Do you think that schools in Japan do enough to foster the communicative ability of children?

「日本の学校は子どものコミュニケーション能力を育むことに十分取り組んでいると思いますか」

1

これで完璧！

Yes. Students are divided into pairs or small groups in a lot of classes these days. This could provide opportunities for the children to get some practice communicating with others smoothly.

「はい。最近では，多くの授業で生徒はペアや小さなグループに分けられます。このことは子どもたちがほかの子どもたちと円滑なコミュニケーションをとる練習をする機会を提供できるでしょう」

2

これで完璧！

No. Some schools put aside children's interactions because the schools' focus is put on increasing children's scores on exams. It would be more important to improve children's communicative ability and help them understand each other better through sufficient communication.

「いいえ。テストの点数を上げることに重点を置くために，子どもたちの会話を棚に上げる学校もあります。子どものコミュニケーション能力を伸ばし，十分なコミュニケーションによってお互いをよりよく理解できるように手助けすることの方が重要でしょう」

3

もうひと息

Yes. Children can brush up their communicative skills through club activities.

「はい。子どもたちは部活動を通してコミュニケーション技能を磨くことができます」

ポイント

コミュニケーション能力の必要性がより強く求められており，学校の授業形態も見直されつつある。1 のようにコミュニケーション能力向上のために学校が行っている方策について言及してもよいし，2 のようにコミュニケーション能力の向上に重点を置いていない学校の現状に触れてもよい。3 は，1 のように具体例を追加すればよい。

Day **14**

You have **one minute** to prepare.

This is a story about a woman who took part in an eco-tour.
You have **two minutes** to narrate the story.

Your story should begin with the following sentence:
One day, a woman was watching a TV program.

Questions

No. 1 Please look at the fourth picture. If you were the woman, what would you be thinking?

No. 2 Do you think that humans have a duty to save animals from becoming extinct?

No. 3 Do you think that efforts by individuals can help reduce environmental pollution?

No. 4 Should dangerous sports be banned?

問題のテーマ

環境について考えるべきエコツアーが過熱してしまい，本末転倒の結果になるという内容。絶滅危惧動物の保護や環境保護への取り組みといった大いに関連するテーマから，一部の商業主義的な旅行業界の弊害，メディア報道や宣伝の功罪，国際問題などのやや関連のあるテーマまで，Questions ではさまざまなトピックで質問される可能性がある。

1 テレビ番組の内容に触れた上で，女性の心情を述べる。ナレーションの例ではイラスト中の Animals in Danger を endangered marine animals と言い換えている。

2 「女性が旅行代理店に行った」→「パンフレットを手に取った」→「エコツアーに申し込むことにした（I will sign up. のせりふから判断）」という流れで展開・説明する。

3 女性が船上からアザラシを見ているので，エコツアーに参加している場面だと分かる。そこで，まず「ツアーに参加した」という文で始め，多くの参加者がいることや，船がひしめいていることにも言及する。

4 女性がテレビを見ていることに言及した後，テレビ番組の内容を説明する。番組の説明は，The news reported that ... で表現してもよい。テレビ画面の字幕と男性キャスターのせりふを最大限に活用する。

Day

14

137

One day, a woman was watching a TV program. 1 The program was about endangered marine animals such as seals. It said that human pollution was destroying their habitats. The woman looked concerned about the animals. 2 A few days later, the woman went to a travel agency that was offering eco-tours. She picked up a brochure that said people could help save animals by going on such tours, so she decided to sign up for one. 3 Two months later, the woman was taking part in the tour. The woman and many participants were on a boat out at sea. They were looking over the side and watching seals. The boat was very crowded with people, and there were other boats nearby. 4 A few weeks later, the woman was watching the news on TV. She saw that there had been a collision between two boats that were taking people on eco-tours. The newscaster said there were too many eco-tours in the area.

訳 ある日，女性がテレビ番組を見ていました。1 その番組はアザラシなどの絶滅の危機にある海洋動物に関するものでした。番組は，人間による環境汚染が海洋動物の生息地を破壊していると伝えていました。女性は動物たちを心配しているようでした。2 数日後，女性はエコツアーを提供している旅行代理店に行きました。彼女は，そのようなツアーに参加することで動物を救う手助けができると書いてあるパンフレットを手に取り，ツアーの1つに申し込むことにしました。3 2カ月後，女性はツアーに参加していました。女性とほかの多くの参加者が船で海に出ていました。彼女らは船べりからアザラシを観察していました。船は人でいっぱいで，近くにはほかに複数の船がありました。4 数週間後，女性はテレビでニュースを見ていました。彼女は，エコツアーの参加者を乗せた2隻の船の間で衝突が起こったことを知りました。ニュースキャスターは，その海域ではエコツアーが多過ぎると言いました。

No.1

Please look at the fourth picture. If you were the woman, what would you be thinking?

「4番目のイラストを見てください。もしあなたがこの女性だとしたら，どんなことを考えているでしょうか」

解答例

1

これで完璧！

Most of all, I'd be hoping that no one was injured. However, I'd also be thinking that, since the tours may now be canceled, I was lucky to get the opportunity to go.

「何よりも，けが人がいないことを願っているでしょう。しかしながら，今後のツアーはすでに中止されているかもしれないですから，私は行く機会があって運が良かったとも思っているでしょう」

2

これで完璧！

I'd be thinking that the accident should have a bad influence on animals around the sea. I'd also be thinking that eco-tours themselves made the environment considerably worse.

「事故によって海の周辺に生息する動物への悪影響があったはずだと考えているでしょう。また，エコツアーそのものが環境をひどく悪化させていると思っているでしょう」

3

もうひと息

I'd be surprised that so many people were allowed to participate in the tour.

「それほど多くの人がそのツアーへの参加を許されていたことに驚いているでしょう」

ポイント

自分が参加したツアーと同様のツアーで起きた事故を見てどう思うか，エコツアーのあるべき姿についての意見などを答えるのが妥当であろう。1 の第１文は，ちょっとした心遣いの表現ができるというアピールになってよい。3 は，このような意見が出る結論として，Limited numbers of people or boats should be allowed for this kind of tour in order to protect animals' lives. といった補足が必要。

Day

14

139

No. 2

Do you think that humans have a duty to save animals from becoming extinct?

「人間には動物を絶滅から救う義務があると思いますか」

解答例

 1 これで完璧!

Yes. Once an animal becomes extinct, it's gone forever. We rely on many animals for our survival, so it's in our interest to make sure they don't disappear.

「はい。一度動物が絶滅すると，永遠にいなくなってしまいます。私たち人間は生きるために多くの動物に頼っています。ですから，動物がいなくならないようにすることは，自分たちのためになることなのです」

 2 これで完璧!

It depends. When an animal is threatened by human activities, then it's our duty. But sometimes animals become extinct naturally, so there's nothing we can do.

「状況によります。動物が人間の活動によって脅かされている場合は，私たちの義務です。しかし，ときには動物が自然に絶滅することもあり，私たちには何もできません」

 3 もうひと息

Yes. Human beings should not be so selfish and should help other animals.

「はい。人間は自分本位であるべきではなく，ほかの動物を助けるべきです」

ポイント

extinct は「絶滅した」という意味で，動植物などの自然保護のトピックでは必須語彙である。1 の rely [depend] on A for B「B を A に依存する」も使えるようにしておこう。3 はうまくまとまっているが，なぜほかの動物を絶滅から救うべきなのか，その理由まで説明したい。1 のように「人間の存在は動物に依存しているから」などと付け加えると大きく改善される。

No. 3 Do you think that efforts by individuals can help reduce environmental pollution?

「個人の努力は環境汚染を減らすのに役立つと思いますか」

1
これで完璧!

Yes. People often feel that individual action isn't enough, but if everybody tries hard every day to save energy or recycle things, I'm sure it'll make a big difference.

「はい。人々はよく個人の行動では力不足だと感じていますが、みんなが毎日、一生懸命エネルギーを節約したり、物をリサイクルしたりすれば、大きな変化をもたらすことができると確信します」

2
これで完璧!

Not really. The amount of pollution caused by ordinary people is very small compared to that made by various industries, so more regulations are needed in that area.

「それほどではないでしょう。一般人の引き起こす公害の量はさまざまな産業が出すものに比べて大変少ないので、産業界にこそより多くの規制が必要です」

3
もうひと息

Yes. If we all make an effort, then we can save the planet.

「はい。私たちみんなが努力すれば、地球を救うことができます」

ポイント

一般の人ができることは限られていると考え、解答は消極的になりがちかもしれないが、このような質問には理想論を述べて構わない。その好例が □1□ で、具体策を挙げながら、私たち一般人に何ができるかを述べている。□3□ は「努力すれば」だけでは漠然としている。具体的に何をすればよいのかを付け加えれば、もっと良い解答になる。

Day
14

No. 4 Should dangerous sports be banned?
「危険なスポーツは禁止されるべきですか」

1 これで完璧！

Yes. When people take part in dangerous sports, not only do they often badly injure themselves, but they can be a nuisance to others. For example, it costs a lot of money to rescue lost climbers from the mountains in winter.

「はい。人々が危険なスポーツをする場合，しばしばひどいけがをするだけでなく，他人に迷惑をかけることもあります。例えば，冬山から遭難した登山者を救助するのに多くの費用がかかります」

2 これで完璧！

No. All dangerous sports have rules. As long as you follow the rules, you cannot have any serious accidents.

「いいえ。どの危険なスポーツにもルールがあります。ルールを守っている限り，大きな事故は起きないはずです」

3 もうひと息

No. However dangerous some sports are, they shouldn't be banned as a principle.

「いいえ。幾つかのスポーツがどんなに危険であったとしても，原則として禁止されるべきではありません」

ポイント

賛成なら危険なスポーツの弊害，反対ならルールを守って行うスポーツの安全性などを述べてそれぞれの立場を補足すればよい。3 は意見がはっきりと提示できているが，根拠が不足している。because most people learn how to keep themselves away from danger properly といった主張を補足する根拠を付け足すと，自分の考えがより伝わる。なお，1 の not only do they often badly injure themselves, but they ... の倒置に注意。

準1級面接 重要表現・重要語句

▶ つなぎ言葉

As a result	「結果として」
Finally / Eventually / In the end	「ついに，結局」
Accordingly / Therefore / Consequently	「したがって」
Besides / In addition / Moreover	「その上，さらに」
against [beyond] *one's* expectations	「期待に反して [以上に]」

▶ Q&Aの返答に役立つ表現

Definitely. / Absolutely.	「そのとおりです」
It depends.	「場合によります」
Not often.	「よくあるというわけではありません」

▶ 環境問題

air [environmental] pollution	「大気 [環境] 汚染」
eco-friendly vehicles	「環境に配慮した乗り物」
global warming	「地球温暖化」
greenhouse effect	「温室効果」
toxic materials	「有害物質」
endangered animals	「絶滅危惧動物」
protect the ecosystem	「生態系を守る」
preserve the unspoiled natural beauty	「手付かずの自然の美しさを守る」
raise environmental awareness	「環境に対する意識を高める」

▶ 社会問題

economic growth	「経済成長」
crime rate	「犯罪率」
deal with social issues	「社会問題に対処する」
put pressure on 〜	「〜にプレッシャーを与える」
be critical of government services	「行政サービスに批判的である」
a campaign to raise the voting rate	「投票率を上げる運動」
gather signatures on a petition	「請願の署名を集める」
severe tax increase	「厳しい増税」
aging society	「高齢社会」
planning for *one's* old age	「老後の設計」
maintain the public pension system	「公的年金制度を維持する」
bank transfer scam	「振り込め詐欺」
credit card fraud	「クレジットカード詐欺」
personal information protection	「個人情報保護」

▶ 仕事

have a successful career	「仕事で成功する」
overtime (work)	「残業」
unpaid overtime	「サービス残業」
job-hunting	「就職活動」
job seminar	「会社説明会」
working conditions	「労働条件」
unemployment rate	「失業率」
mid-career hiring	「中途採用」
maternity [parental] leave	「産休 [育休]」
go bankrupt	「倒産する」
corporate restructuring	「企業のリストラ」
extremely competitive	「競争の激しい」

▶ 家庭生活

household chores	「(毎日の) 家事」
do the housework	「家事をする」
leave a child in a person's care	「子どもの世話を〜に任せる」
get (*oneself*) fit	「健康になる，体を鍛える」
child abuse	「児童虐待」
parental neglect	「育児放棄」
adopt a child	「子どもを養子にする」

▶ インターネット

browse the Internet	「インターネットサイトを見る」
data leak	「データ流出」
virus protection software	「ウイルス防護ソフト」
cybercrime	「ネットワーク犯罪」
social media	「ソーシャル・メディア」

▶ 感情表現

with delight	「うれしそうに」
in a rage	「かんかんに怒って」
to *one's* great sorrow [surprise]	「とても悲しい [驚いた] ことに」
be shocked at 〜	「〜に驚く，ショックを受ける」
feel frustrated at 〜	「〜に不満を持つ」
feel embarrassed at 〜	「〜できまりが悪い，恥ずかしい」
get upset about 〜	「〜にうろたえる」
be reluctant to *do*	「〜する気にならない，気が進まない」
be unsure about 〜	「〜に自信 [確信] がない」